Литература русского безрубежья

Вера Зубарева

ТЕНЬ ГОРОДА, ИЛИ ЭМ ЦЭ В КРУГЕ

Стихотворения и поэмы разных лет

Charles Schlacks, Jr. Publisher
Idyllwild, CA 2016

Вера Зубарева
Тень города, или Эм цэ в круге
Стихи и поэмы разных лет

Vera Zubareva
Shadow Of The City or MC Circle.
Collection of Poems.

Вера Зубарева – родилась в Одессе. Автор 18 книг, включая поэзию, прозу и литературоведческие монографии. Первый сборник стихов вышел с предисловием Беллы Ахмадулиной. Публикации в журналах «Вопросы литературы», «Дружба народов», «День и ночь», «Зарубежные записки», «Нева», «Новый мир» и др. Лауреат муниципальной премии им. Константина Паустовского, первый лауреат Международной премии им. Беллы Ахмадулиной и других международных литературных премий. Главный редактор журнала «Гостиная», президент литобъединения ОРЛИТА. Преподаёт в Пенсильванском университете. Пишет и публикуется на русском и английском языках.

Художник **Ирина Френкель**

© Вера Зубарева, 2016

ISBN: 978-1-884445-77-4
ISSN: 2380-6672

СОДЕРЖАНИЕ

Даниил ЧКОНИЯ. К морским глубинам тянется душа..................7

ЧАС ПИК

«Манхэттен. Солнце, не выдержав нагрузки…».......14
«Час пик накатывает на Бродвей…».........................15
«Облезлые больные лежаки…»..................................16
«Город кишит ночными привычками…»...................17
«Кварталы метастазируют…»......................................18
«Парусник с дыркой луны в парусине…».................19
«Лунная дорожка…»..20
«Закат остатки света роздал…».................................21
«Водорослей спутанные вести…».............................22
«Ветер площадь пересёк наискось…»......................23
«И лёгкий жук струится по песку…».........................24
«Город спит на краю океана…»...................................25
«Солнце рассматривает глубины…».........................26
«Океан после шторма – скомканная скатерть…»....27
«Что-то вспыхнуло и заколыхалось во мгле…».......28
Записки из леса..29

В ПРОСТРАНСТВЕ НОЧИ

«О Море кто б осмелился писать…».........................37
«Холода, холода…»...38
«Ночью вещи предстают отторгнутыми…».............39
«Дети не знают, что происходит…»...........................40
«Ночь состоит из ломаных линий…».........................41
«Мы встретились в пространстве ночи…»...............42
Стихи о волке...43
«Она будит меня, шепчет…».......................................47

Милая Ольга Юрьевна..48
Чеховские мотивы...59
«Романы рождаются бурно лишь в жизни…»...........61
«Этой ночью тихо светились чернила…».................63
Переворот...64

ДНЕВНИК ЛУНАСШЕДШЕГО

«Три часа ночи. Луна в повязке…»..........................70
«Вечер падал и падал…».....................................71
«Ночью встанешь…»..72
«Полчетвёртого…»...73
«Зябко просыпаться…».......................................74
«Явь иллюстрирует картины…».............................75
«Вот уже и море всё вылилось…»..........................76
«Тело-Гамлет…»..77
«Птица кружила над морем…»..............................78
«Воздух сгрудился. Ждали ветра…».......................79
Лунашествие..80
Пришелец..82

ГОРОДСКИЕ КАРТИНКИ

Квартал...87
Собакиада..91
Сказки о двух концах...100

КОЛДОВСТВО

«По пляжу гуляли…»...110
«Последний час, который отдан солнцу…».............111
«Ничего, только ветер за окнами стих…»...............112
«Вечер. Погашена вишня…»................................113
«Небу сумерки приснились…».............................114

«Тихо лето оседает в ранний вечер…»......................115
«Тень сбежала по ступеням в виде струек…»..........116
«Майский вечер разбалтывает ставни…»...............117
Горный мир..118
«Вечер заполнил комнату доверху…»......................122
Сон...123
«Ёлка в заворожённой комнате…».............................124
Поэма о зиме..125

ДАТЫ УХОДА

«Ветер в грусти задувал звезду…»..............................140
«Нищенка на ступенях подземного перехода…»...141
«Смерть присела на лавочку возле калитки…».......142
«Друзья ушли…»..144
«Сыпятся даты ухода в копилку сердца…».............145
«Это ничего, это только ветер…»..............................146
«К морским глубинам тянется душа…»...................147
«Постояли, оплакали. Всё, как в прозе…»...............148
«Быстрый день междометием…»..............................149
Колыбельная..150
«Он просто не звонит…»..151
«Он сказал: - Обернись!..»..152
«Вот мельком, вдруг, не-летний свет…»..................153
«Мама ходит по кромке земли и неба…»................154
«Взмахнула руками…»..155
«Сегодня день её смерти. Впереди…».....................156
Памяти Сада..157

ВСТРЕЧИ И ЛИЦА

«Уже ничего не остается от города…».....................160
Старинный друг..161

Август, восьмое..167
Океан..168
«Мне сказали, что Садовник…»..............................170
Лунный путь, или Поэма о стихах............................171

ОПЫТ СТРАНСТВИЙ

«После злой исторической мерзлоты…»................179
«Ночные птицы, сумрачные птицы…»....................180
«Страшно не то, что оставлен дом…»......................181
«Ночь в безмолвном предместье, как кома…»........182
Вена...183
В Венеции...185
В зимней Тарваянике...187
«Мне снится возвращение домой…».......................189
Дача...190

СВЕЧА..196

Предисловие

К МОРСКИМ ГЛУБИНАМ ТЯНЕТСЯ ДУША

В новой поэтической книге Веры Зубаревой отчётливо проявлен её давно сложившийся творческий характер. Свойственная ей негромкая интонация – свидетельство того, что автор доверяет своему читателю, хорошо знает и чувствует его. Она не дёргает за рукав торопящихся в человеческом многолюдье, не зазывает суетящуюся толпу, вообще, кажется, не требует внимания – возникает ощущение, будто Зубарева сосредоточена на внутреннем монологе, ведёт разговор сама с собой.

Очень точно отметила эту особенность стихотворной речи автора поэтесса Елена Скульская, писавшая о стихах Веры Зубаревой: «это нашёптывание, тихое нашёптывание собеседнику, почти его, собеседника, внутренний голос, который звучит всегда нежно, но убеждённо, трепетно, но настойчиво. Тихая прелесть стихов Веры Зубаревой проникнута прохладой и тенистостью, столь важными в крикливые и жаркие дни».

Иными словами, внутренний монолог всё же предполагает читателя, способного вслушиваться и слышать эти стихи. Образ обретаемой тишины, в которой может быть услышано самое лёгкое, тонкое почти прозрачное движение отражён в одном из стихотворений автора:

Целебный запах водорослей. Снова
Пришла сюда. И берег не в сезон –
Как мир доисторических времён,
Где никого не посещало Слово,
Где тишиной усилен каждый звук,
И поле зренья занимает жук,
Чьё шумное сыпучее старанье,
Должно быть, слышится
На много миль вокруг.

Тишина, в которой отчётливо слышно «сыпучее старанье» – есть и самохарактеристика творческого метода Зубаревой, и условие, необходимое для восприятия её негромкой интонации.

Тогда и становится видимым и слышимым мир её поэзии, в котором перетекает «незыблемое в зыбкое», босые ступни мнут «пластилиновый асфальт» (одна деталь, но какая же точная метафора знойного летнего дня!) и «облезлые больные лежаки» на пустынном зимнем пляже. Кстати, это постоянно звучащая тема – пляж и море во внесезонное время, тема, хорошо понятная всякой романтической душе, особенно «тем, кто рождён был у моря». Отсюда ещё одна метафора зимнего моря:

Только кутерьма
Движение осуществляла в снеге.
Сверкали льдинами холмы
На побережье странно белом.
Так замерла душа волны…

Эта замершая душа волны дорогого стоит. И когда читаешь у Зубаревой: «Уж за полночь. Штормит моя тетрадь./ Ей снова в малом хочется о многом», понимаешь, что это принцип художественного мировосприятия поэта, что способность сказать «в малом о многом» – одна из черт многогранного поэтического дарования Веры Зубаревой. Отсюда же одушевлённость одного из многочисленных образов солнца, возникающих в стихах автора:

Солнце рассматривает глубины.
Приникая к поверхности
Почти неподвижного моря.

Предисловие

Тема моря в творчестве автора – тема, действительно, особая. Она пронизывает корпус стихов камертоном, дающим настрой на общее восприятие творчества Зубаревой, на то состояние души, которое ведёт автора от впечатлений детства к мировосприятию её сложившегося поэтического характера:

К морским глубинам тянется душа.
Туда же осень тянется за летом,
Туда уходит день за новым светом
И мысль за отрицаньем рубежа.
К морским глубинам тянется душа,
Чтоб в голос крови вслушаться взатяжку,
Следить, как жизни бродят нараспашку
По кромке неизвестного числа…

Это из стихотворения памяти отца, Кима Беленковича, человека, чьей профессией, чьим призванием было море. Что тоже во многом объясняет особое отношение к теме моря у автора.

Но у этой темы есть ещё один аспект: она, тема Моря, – порой тревожная, но всё равно солнечная, просветлённая – звучит альтернативой теме Города, где Город – в образной системе Зубаревой – предстаёт в облике угрюмого города-призрака, города-Пилата. Не случайно же эпиграфом к новой книге поэт ставит эти свои давние строки:

Пляж пустел стремительно и громко.
Охали раздутые трамваи.
Ветер бережно расправил кромку.

Переполненное солнце
Вздрогнуло слегка -
Пролилось в облака.

Город отразился на щите заката
Призраком Пилата…

Этот образ Города тоже звучит сквозной темой книги, внушает тревогу, напоминает о жизненной драме, о трагедийности жизненного пути, который уныло движется к своему исходу:

Манхэттен. Солнце, не выдержав нагрузки,
Плюхнулось на небоскрёбы,
Распласталось на брюхе.
Сваленные в кучу, как битые моллюски,
Темнеют бездомные. К ним ластятся мухи,
Лижут им лица, мурлычут, клянчат,
Ходят кругами, тычутся мордой
В позеленевшие блюдца фонтанчиков.
Сабвей приливает электричками к городу.
Вспыхивают осколки стеклянных офисов.
Закат. Манхэттен объят пожаром.
Жёлтых такси обозлённые осы
Несутся, сигналя пронзительным жалом.

Да простит меня читатель за обильное цитирование, но, как водится, стихи лучше всего говорят сами за себя, разбросанные по разделам книги, они не дают расстаться с этой художественно осмысленной характеристикой Города:

Снова в Городе отключили день.
В тетради – темень, всё вповалку,
Слово на слове… Мир обалдел.

Но, кажется, пространство, которое пронизывает взгляд поэта, выходит за рамки земного, как эти строки из цикла «Дневник лунасшедшего»:

Предисловие

> Три часа ночи. Луна в повязке тучи
> Мучается мигренью.
> От этих дождей разбухла и выглядит пьющей,
> А на самом деле
> Сухой закон на её поверхности,
> И в кратерах – сплошная желтуха.
> Кажется, тронешь – и распадётся от ветхости.

Тем дороже – на фоне этой темы – звучание пронизанной солнечным светом морской волны. Чем острее драма жизни, тем ярче радость проживания каждого дня, красота окружающего мира – не об этом ли стихийное движение стиха автора?!
Кстати сказать, стихийность радует в стихах поэта Веры Зубаревой: у неё нет дидактических концовок, заранее просчитанных холодным умом псевдоафористических сентенций. С читателем делится своими чувствами, переживаниями, сомнениями поэт, а не делатель зарифмованных тезисов. Потому так часто остаётся сама и оставляет в растерянности своего читателя Вера Зубарева:

> Холода. Отмирает тепло. Но зато — вместе с болью.
> Значит, то, что болит или греет, увы, не душа…

А что же, если не душа? восклицнет читатель. В сосредоточенной тишине стоит задуматься и об этом. К сопереживанию, к сомыслию приглашает Вера Зубарева читателя своей новой книги.

Даниил Чкония

Пляж пустел стремительно и громко.
Охали раздутые трамваи.
Ветер бережно расправил кромку.

Переполненное солнце
Вздрогнуло слегка -
Пролилось в облака.

Город отразился на щите заката
Призраком Пилата.

Час пик

* * *

Манхэттен. Солнце, не выдержав нагрузки,
Плюхнулось на небоскрёбы,
Распласталось на брюхе.
Сваленные в кучу, как битые моллюски,
Темнеют бездомные. К ним ластятся мухи,
Лижут им лица, мурлычут, клянчат,
Ходят кругами, тычутся мордой
В позеленевшие блюдца фонтанчиков.
Сабвей приливает электричками к городу.
Вспыхивают осколки стеклянных офисов.
Закат. Манхэттен объят пожаром.
Жёлтых такси обозлённые осы
Несутся, сигналя пронзительным жалом.
Кричат воробьи, взрываются лужи,
Брызги прожигают всё, как сигареты,
И одежды пытаются спасти свои души,
На которые с утра они были надеты.

ЧАС ПИК

* * *

Час пик накатывает на Бродвей.
Яблоко солнца с червяком самолёта в срезе
Плавит мобильники у шизофреников в голове,
Вызывая перебои в сервисе.
Каждый разговаривает сам с собой.
Спутник-стукач всё разносит поспешно.
Монологи, звучащие наперебой,
Складываются в диалог городских сумасшедших.
Костюмы движутся по направлению к метро.
Мыши со звоном бросаются врассыпную.
Их потёртое серебро
Боязливо закатывается под стулья.
Салфетка парусника пересекает канал.
Огрызок солнца уносится водами.
Рестораны ожили. Где-то маяк заикал,
И аист откликнулся:
– Кушать подано!

* * *

Облезлые больные лежаки
Пустыми изголовьями к закату
Поставлены, чтоб демону с руки
Сдирать с уснувших кожу, словно плату,
В июле душном, полном нечистот
И преющих вдоль берега красот –
Огрызков и медуз, разваленных и мутных,
Составивших прибрежный натюрморт.
Покамест же весна. И пляж мой пуст.
На нем лишь я да труженик Прокруст,
Меня не зазывая, не тревожа,
С ведром и кистью обновляет ложа.

ЧАС ПИК

* * *

Город кишит ночными привычками.
На столах бутербродов разложен пасьянс.
Выгибаясь, саламандры с горгоновыми косичками
Включают светофоры ядовитых глаз,
Зазывая в переулки – заводи эрогенных
Зон, где отбывает свой срок плоть.
Фонари с добавками галлюциногенов
Высвечивают бродячих собак лохмотья.
На люках призраками фиолетовыми
Мощи странников греются. Между нищими
Шуршат промасленными газетами
Древние читатели остатков пищи.
Деревья разбрасывают листовки, требуя
Социальных свобод для беспризорного мусора.
В одиночке из небоскрёбов чахлое небо
Ждёт второго пришествия Пруста.
Город неспящих, свихнувшихся гамлетов,
Фаустов, чацких, старух-процентщиц,
С облавами бедных на богатых
(Одних всё больше, других всё меньше).
От старого театра пожарная лестница
Уносится сточной канавы руслом.
- *В такую погоду хорошо повеситься*... -*
Бормочет дядя Ваня на ломаном русском.

---

* реплика Войницкого из «Дяди Вани»

Вера Зубарева. Тень города, или Эм цэ в круге.

* * *

Кварталы метастазируют заколоченными
                                           апартаментами.
Ночью в них кто-то ходит-бродит,
Дышит сквозь щели, разговаривает с ветром,
Вызывает вьюги потусторонних мелодий.
Их шушуканье – сплетни да смуты,
В их воронках ураганит амок,
Они баюкают: «Не ложись на краю ты»,
И город ворочается с боку на бок.
Стонут чайки вдоль океанской лагуны.
В кельях раковин кто-то молится.
Ветер от нечего делать дует,
И всплывает, вся в водорослях,
Луна-утопленица.

ЧАС ПИК

* * *

Парусник с дыркой луны в парусине.
В полночь играют они в привидения,
Свет проливают
Мёртвый, синий,
В гости к ним ходят
Блики, тени.
Потчуют их они
Порчею устриц,
Зельем медуз,
Настойкой из спрутов,
И фонари
На окраинах улиц
Быстро мигают, меркнут и тухнут.
Прыгают пьяные блики с галеры.
Волны их гонят, хватают, щекочут,
И затопляет парки и скверы
Вольная,
Чёрная
Магия ночи.

* * *

Лунная дорожка,
Звёздных вод алтарь,
Сгорбленная кошка
Обошла фонарь.
Сгорбленная спичка
Бросилась в окно.
Режутся привычно
Волны в домино:
Стук да стук по хляби
Каменистых плит.
В выеденном крабе
Дубль пусто спит.
Спит моллюск в ракушке,
Как рыбак в челне.
Белопенных кружев
Ветер сплёл волне.
Встрепенулась чайка,
Покачнула свод,
Словно опечатка
В рукописи вод.

ЧАС ПИК

* * *

Закат остатки света роздал.
Бакланы ходят неуверенно.
Прозрачные медузы в звёздах
Качаются вдоль кромки берега.
Спит город-городок с игрушками
Автомобилей под балконами,
Венками клумб, котами плюшевыми
И гнёздами, свирелей полными.
Колдует ветер. Зомби-флюгеры
Вращаются рывками быстрыми.
Звезда с волны скатилась кубарем
И высекла на камне искры.
Влюблённая ночная бабочка
Флиртует с фонарём подвыпившим,
А время в мягких детских тапочках
Шагает прочь, как третий лишний.

* * *

Водорослей спутанные вести
Выталкивает прибой,
В раковинах призраки древности
Аукают наперебой.
Чайки расклёвывают конические свитки
Под бренчанье мух.
Вечер на фиолетовой скрипке
Мечтает вслух.
Дом с двумя окнами на переносице
Глядит в облака.
И мошкарою по ветру носится
Память песка.

ЧАС ПИК

* * *

Ветер площадь пересёк наискось,
Пролистал суеты дневную подшивку.
Ночью время мигало, останавливалось
Меняло направление, показывало ошибку.
Кто-то ожил, бродил по улицам,
Шевелил газеты на скамейках, плакал.
С утра пополневшая на несколько унций
Лизала облако луна-лакомка.
Море отбрасывало ажурные тени,
Ловило в них сны, заплутавшие в городе.
От дома осталось три ступени,
И лебеда причитала на них:
- Господи, господи…

Вера Зубарева. Тень города, или Эм цэ в круге.

* * *

...И лёгкий жук струится по песку,
 Как полый шарик с жёсткой оболочкой.
Ряд лежаков - больничною цепочкой
И острый, нагоняющий тоску,
Целебный запах водорослей. Снова
Пришла сюда. И берег не в сезон –
Как мир доисторических времен,
Где никого не посещало Слово,
Где тишиной усилен каждый звук,
И поле зренья занимает жук,
Чьё шумное сыпучее старанье,
Должно быть, слышится
На много миль вокруг.

**

Город спит на краю океана,
Недоступных его музеев,
Полноводных его ресторанов
Из моллюсков, рыбёх-ротозеев,
Водолазных универсамов,
Ателье первородных клеток.
Город спит на краю океана,
А его отраженье-предок
Незаметно к нему подкатывается,
Выползают на побережье
Башни – заводи каракатиц,
Лавки, водорослями увешенные,
Крабы ржавых автомобилей,
Фонарей прибрежных аквариумы.
В дымке снов из мечты и были
Город спит на краю океана.

* * *

Солнце рассматривает глубины,
Приникая к поверхности
Почти неподвижного моря.
Облака, потемневшие, точно дельфины,
Подплывают к горизонту
И исчезают вскоре.
Нужно идти. Всё равно не открою
Того, что за сумеречным туманом,
Не перестав ещё быть тобою,
Постепенно становится Океаном.

ЧАС ПИК

* * *

Океан после шторма – скомканная скатерть
С объедками рыб, мидий треснутыми тарелками,
Чайки, не переставая плакать,
Закусывают после опохмелки
Вчерашними устрицами. Океанские галереи
Закрыты на ремонт, и уже не увидишь
Юрких рыбёшек пятнистые акварели.
Голуби переругиваются на идише.
Город спит вниз фонарями
На развороченной набережной. У него депрессия.
Только маяк да крест упрямый
Сохраняют исконное равновесие.
Из разгромленных ювелирных гротов
                             с жемчужницами
Инвалиды кальмаров выползают в испуге,
А прилив агитирует всех поднатужиться
И вернуть достояние океанской республики.

Вера Зубарева. Тень города, или Эм цэ в круге.

* * *

Что-то вспыхнуло и заколыхалось во мгле,
Словно демон зажёг свечу на столе
И гривастым пламенем львиным
Осветил неживые оскалы машин.
Корабли приставали,
И пирс их душил
Отплывающих пёстрой лавиной.
Провода замыкало. Свет падал на дно
Развороченных люков,
Где влажно, темно.
Ветер в урнах с поспешностью рылся.
И бродяга смотрел и качал головой,
И обрывок газеты взлетал, как живой.
А под ним – удивлённая крыса.
Пламя с тьмою сживались как contra и pro,
И граффитчик качался под рокот метро
И писал по бетонным скрижалям.
Звон тарелок и вилок раскалывал сквер,
И му́тировал город химерой химер
Под свечи полыхающим жалом.

Записки из леса

1.

Снова в Городе отключили день.
В тетради – темень, всё вповалку,
Слово на слове… Мир обалдел.
Зажигаю свечу. От бесконечных правок
Стонет древесная душа листа.
Её кора изъедена письменами.
В оборванных строфах случайная искра
Вызывает в свече короткое замыкание.
Утром в чернильнице чернила синей,
К вечеру – зеленеют, покрываются тиной,
И русалки квакают в ней,
Как треснутые клавесины.
Телевизор включает в розетку хвост,
Возвращается к жизни привидение-время
И шарит по ящикам, перетряхивая мозг
И циферблатами глаз наблюдая за всеми.
Только по ним и распознаёшь
Расположение клюва в дремучем пространстве.
Но толку что? Оно – филин, ты – ёж.
Ещё никто не увернулся, не спасся.
Снова ухает.
Колебания масс.
В воздухе носятся
Вирусы бессонниц.
Тревожно ворочаются
Личинки дремоты
В кавернах пней,
В болотных перинах.
По ним, пугая осоловевших лягушек,
Хлюпают мысли барсуков и ежей.

2.

Стоишь и глядишь по утрам в эту хмурь,
И тихо колеблется в мутных росах
Комариное племя усталых фей
С блеклыми, рано опавшими лицами.
Воздух – осколки праокеана
С мальками химических элементов,
Заводь призрачных отражений,
Копящих процессии светляков.
К ночи двинутся они в ритме гекзаметра
За прахом гомеров, эсхилов и данте
В склеп тетради, где холод и мрак.
Хорошо бы расслабить строку до прозы,
Чтоб из неё полилась правда жизни
В сточную канаву чёрного Города,
Где жарят котлеты каждую ночь!

3.

Город пропах ядовитыми испарениями,
Почву сверлят сорняки галлюцинаций,
Трещат и лопаются от них булыжники,
Как рыбьи пузыри, проколотые иглой.
Бухту его стерегут сирены.
На склонах его водрузились изваяния
С сосисками складок поперёк животов.
К ним вереницею на поклон
Тянутся черви из ашрамов плоти
Мёртвых белок, ворон и лис.

4.

Тетрадь под надзором. Сны в опале.

ЧАС ПИК

Они теперь только в самиздате,
В тайной расщелине у Лукоморья.
За них дают пожизненную бессонницу.
Население спит с открытыми веками
На случай обыска или проверки.
Самым примерным жалуют га-шиш
Сладкой премии гоголя-нобеля.

5.

…Проблеск луны, пустынного берега,
Море кто-то волнует черпаком,
Качается хитон его облачный над зыбью,
Плещется рыб серебряный поток…
Кажется, мы потерялись в пространстве.
Или во времени. Или в том и другом.
Трудно сказать наверняка, пока
Пространство и время сосуществуют,
Как тело и душа. Пространство – тело.
Время – душа. Оно беспокойно,
Оно разъедает жилы пространства,
Заставляет его пульсировать, болеть,
Сохнуть, обрушиваться, истекать потопами.
Без него пространство окоченеет,
Покроется коррозией, перестанет быть.
Быть или не быть – вопрос пространства.
Это оно, безутешный Гамлет,
Ловит знаки привидения-времени,
Верит в его допотопные россказни.
Время катится по нему, полыхает,
Как шаровая молния по полю жизни.
Кто перешёл его – тот погиб.

6.

Кто мы? Лучше спросить у дуба,
Ему открыто знание знаний –
Как плести паутину, смолить трещины,
Разводить пчёл… В его венах
Текут муравьи, а под шляпками желудей
Живут невидимые счетоводы.
Они считают время по формуле:
Путь пространства, делённый на скорость,
С которой оно распадается на элементы.
Дуб уходит корнями в безвидность.
В черной дыре её спрессовано время –
Без стрелок, без тиканья, добытийное.
На него нацелено изваяние филина,
Отлитое из облака – белого, плотного.
И только кисточки его ушей
Колышутся в такт вибрациям ночи.

7.

Откуда мы? Говорят, из микробов.
И в них же вернёмся, распавшись на множество
Быстрых невидимых поедателей материи.
Они прожигают воздух, как сигареты,
А на месте дыр образуются штопки
Седой паутины, латающей пространство.
Ею опутаны все просветы
В нашем лесу. Иногда на заре
В ней мигают изумрудные мухи,
Как броши в жабо обтрёпанных елей,
Задумчиво качаются мумии комаров.
Лес полон тайн непролазных, косматых.
Жижу его распирают бактерии,

Пучат тяжёлое брюхо болот
Дети вечного брожения и распада.

8.

В полночь, когда замирает всё в дуплах,
Коре, подземельях, запруженных водоёмах,
Филин выходит на лунную охоту –
Каждую ночь он охотится на сны.
Они бросаются врассыпную, как мыши,
Чтоб слиться с теменью, превратиться в тени.
Клюв его стрелок остро отточен,
Два циферблата его глаз
Крутят стрелки в зеркальном направлении,
И всё живое прижимается к земле.
Колышутся рыбы на блюде водоёмов,
Вязнут птицы в болотах воздуха,
Звери зажмуриваются, и ночной страх
Их погружает в топи оцепенения.
Звери боятся превращений пространства,
Звери читают на языке тьмы.
На нём написаны все инстинкты,
И все стихии разговаривают на нём.

9.

В тетради варится что-то тёмное.
Там пространство подходит, как тесто,
Его распирают дрожжи времени,
И оно перекатывается со страниц
Прямо на стол мой, и тот обрастает
Справа налево вереницей согласных,
С которыми связаны лесные бдения
Страшной клятвой. Вари, горшочек!

10.

Лес – на подступах к нашим улицам,
Стиснуто горло домов и площадей,
Кляпами заткнуты колокольни,
Мычат купола в подушку облаков,
Лежат небоскрёбы с поломанными хребтами,
По ним разгуливают стада свиней –
Любителей сладких даров Цирцеи.
И только чёрный дом из пепла,
Высится, словно зловещий обелиск.
Всякий раз, как отключают день,
В нём резвится чёрное пламя,
Мнёт бумажные фигурки узников,
И они изгибаются, корёжатся, трещат.
Если бы звери умели смеяться,
Они бы ощерились в диком хохоте,
Они бы катались в бурьяне до изнеможения,
Глядя на этот театр теней.

11.

В этом лесу мы самые отсталые,
Самые слабые и никчемные,
С недоразвитыми верхними конечностями,
Объекты глумления насекомых,
Пасынки природы, ловкой и хищной,
Наделившей шерстью и крепкими челюстями
Полноценных детищ о четырёх ногах.
Как нам стать настоящими животными,
Не хуже других? А то вечно в хвосте
Плетётся племя наше бесхвостое!

12.

Вчера весь мир встревожено чирикал,
Гугукал, квакал. Что-то происходит,
Но мы не в силах понять, что именно.
И это обидно и стыдно, в особенности,
Когда и червяк смышлено кивает
На речи товарищей. Как же быть?
Бобры начинают строить плотины,
Кукушки подбрасывают
Яйца в чужие гнёзда.
Мы же бродим по лесу в отчаянии
И спотыкаемся о квазимоды стволов.
Мы самые презренные,
Недоразвитые, и неловкие…
А может быть, мы и есть люди?

В пространстве ночи

* * *

О Море кто б осмелился писать
Обыденным, невосхищённым слогом?
Уж за полночь. Штормит моя тетрадь.
Ей снова в малом хочется о многом.
Ну, как же быть? Свечи неровный свет,
Как маяка далёкого сигналы,
Весло пера и паузы в письме,
Где скрытых смыслов поджидают скалы.
Не пишется… Девятый вал из слёз
Готовится – по ним прорвётся Море.
И не спастись, когда сигналишь S.O.S.
На языке высоких аллегорий.

* * *

Холода, холода…
Ничего не поделаешь с этим.
Побеждают надежды к весне,
А к зиме – холода.
Оттого, что узнал,
Может, ты и надул этот ветер,
Может, смотришь на север,
Как всё, что стремится туда…
Там пространство из льдинного времени
Выстроил зодчий.
Что бурлило навзрыд –
Навсегда заковал в ледизну.
Между мной и тобой
Нет ни связки, ни буквы – лишь прочерк,
Словно кто-то коньком
По остывшей реке полоснул.
В минусовости вечного Цельсия
Даже не ноль я.
Там на зеркало льда
Никому не придётся дышать.
Холода. Отмирает тепло.
Но зато – вместе с болью.
Значит, то, что болит или греет,
Увы, не душа…

* * *

Ночью вещи предстают отторгнутыми
От родной материальной субстанции.
Привидение-время летит по комнатам,
До чего не дотронется – всё разваливается.
Метафизика сна, исчадье формулы!
Представленья о мире в нём перекошены,
И глаза его смотрят в разные стороны –
Один в будущее, другой в прошлое.
А за ним по пятам бежит пространство,
Умоляет помедлить, остановиться,
Восклицая вслед ему: «Ты прекрасно!»
С глупым пафосом идеалиста.

* * *

Дети не знают, что происходит глубокой ночью,
Куда летишь вместе с городом
                 под разрывы оставшихся связей
Со скоростью темени,
              относительно которой всё прочее
Измеряется по ту сторону человеческой фантазии.
Видишь то, что раньше было невелено,
Когда зажмуривался, в надежде подсмотреть,
Что происходит в момент её наступления,
Как из жизни пытаются подглядывать в смерть.
А теперь вот закрыть бы глаза, чтобы миновало
Это зрелище опрокинутых в безмолвие мыслей,
Где собственное одинокое начало
Пребывает, заглушённое до пианиссимо.
Где эта непридуманная никем колыбельная
Для ума, который давно всё уже понял?
Кто бы так сумел нашептать: «Невелено!»,
Чтоб уснуть, лишившись собственной воли?
Как укрыться под то спасительное одеяло,
Под которым никаких разногласий с душою,
И превратиться в прежнее малое,
Просто и радостно вливающееся в большое?

* * *

> *Моря достались Альбиону...*
> А.С. Пушкин

Ночь состоит из ломаных линий
И вспышек комнаты между веками.
Уснёшь и снова в тёмном камине
Древо шаркает сухими ветками,
Волхвует, откатывая дни за днями.
«Не тот ли, — думаешь, — дуб зелёный?»
И продвигаешься к долговой яме.
А море отчаливает к Альбиону.
Крошки звёзд просыпались в пропасти.
Налетели чёрные птицы-вороны,
Молчаливо склевали горсть за горстью,
И раздул их ветер на четыре стороны.
В середине мира — дыра над бездною.
На вершине мира — кормушка звёздная.
У подножья мира — кровать железная
И чьё-то «я», никем не опознанное.
Свечка, зеркало, горстка пепла.
Сползло Лукоморье к самому склону.
Там же звезда перед смертью ослепла.
Кому всё достанется? Спи. Альбиону.

* * *

Мы встретились в пространстве ночи.
Пел вихрь в трубе. Луной облитый
Дом замирал, когда тянул он «ми»
Над-*ми*-рной полированной октавы,
Вытягивая шеи белый горн.
Я слушала за письменным столом
В соседнем сне,
Что с видом на за-*сне*-жье,
А дух ночной протаптывал строку:
«Тик-так, тик-так», - шаги его стучали.
И лёгкие не приходили вести,
И всё темнили вдоль и поперёк
То комнату мою, то снег тетради,
Пугая сон оборванностью строк
И буквами – подобиями впадин…

Стихи о волке

1.

Я думаю, ты всё же постучишься:
Ближайшее соседство – за версту,
А вечер погрузил моё жилище
Почти по окна в темень и листву.
Сползает со столба лианой провод,
И в лампе на исходе керосин.
И это ли не долгожданный повод,
Чтоб постучать без видимых причин?

Невесело, запущенно и дико
Мой дом произрастает из земли,
И вытоптана кем-то ежевика,
Которую собрать мы не смогли.
Я слева от чернеющей дорожки
Наткнёшься ты, когда придёшь ко мне,
На скользкое негодное лукошко.
Где ягоды подгнившие на дне.

Тут без труда я приручила волка –
Всё оттого, что сходно с ним живу.
Его глаза – зелёных два осколка –
Пускай сверкают по ночам во рву.
Хоть изредка скорблю, что не волчица,
Но не ропщу. Что, думаю, с того?
В конце концов, ведь кто-то постучится –
В твоём обличье он, иль ты – в его.

2.

Уже декабрь. Тверда земля в саду.
Её свело морозами без снега.
Печально, у растений на виду,
Замёрзло детство позднего побега.
Все ночи так привычно холодны,
Что забываю сетовать на холод,
Как забываю многое – и город,
И прежний ракурс ледяной луны.
У маленького низкого окна
Сутулюсь, сжав концы платка локтями,
И мне то ночь безбрежная видна,
То я сама в оконной дряхлой раме.
Там продолжает комната моя
Своё житьё-бытьё полупрозрачно
И тонет в перспективе декабря,
И в ночь произрастает многозначно.
И в отражённый дом помещены
Деревья, ров у сломанной калитки
И тощий волк, что воет вдоль луны,
Претерпевая полнолунья пытки.
И я сутулюсь посреди дорог,
Озвученных той литургией волчьей.
И в руки, плечи с каждой новой ночью
Врастает серый подранный платок.

3.

Да, пишу. Негодная хозяйка,
Я не запасла на зиму дров.
Чаще стынет ручка-наливайка,
Ставя кляксы на начала слов.
В том ли грусть, что буква исказится,

И дрожит чернильная строка?
Ты ещё когда придти решился,
А всё медлишь, будто жизнь – долга.
Что ж ты медлишь! Иль боишься волка,
Что на перепутье двух миров
С первобытным чувством злого долга
Ни на миг не покидает ров?

4.

Волк бродил и бродил по обочине
В поисках человечьих слов.
На снегу следы многоточьями
Огибали гибельный ров.
Не писалось. Листы пустовали
На чёрном дощатом столе.
Первый снег, наконец-то, издали
И слали, и слали к земле.
Ты читал этот снег прошлогодний,
Нам обещанный на год вперёд?
Ах, какие погибли корни
В тот, из снега изъятый год!
Ничего, победила природа,
Хоть слегка повредилась в уме.
И какая юродивость всхода
Удивить нас готова к весне?
Что-то я разболелась не в шутку.
Не заводится в печке огонь...
Погоди, не мерещься минутку
И горячечный лоб мой не тронь!..
Я твоя только в мыслях, а в теле –
Тот огонь, что ушёл из печи.
Поскорей бы прижились метели,
Чтоб не слышать – кричи, не кричи.

Вера Зубарева. Тень города, или Эм цэ в круге.

Отсырели проклятые доски.
Израсходован зло коробок.
Вы сегодня – читатели-тёзки,
Ты и поиском занятый волк.
У, как близко ты ходишь, как внятно,
Как сухой распаляешь мой бред!..
Только снег вами понят превратно,
А листы – это белые пятна
В родословной азов, буки, вед.

* * *

Она будит меня, шепчет.
Я за нею пишу, засыпаю.
А по комнате бродит вечность
Неприкаянная, слепая.
Так и бродят они вместе,
Их приход не дано разгадать мне.
И подносит она месяц
К побелевшей моей тетради.
Разобрать пытается почерк.
Хлещет ветер наотмашь ветками.
Снова шепчет. Чего она хочет?
Я пишу с закрытыми веками.
Сон – как будто в сознанье провалы
С пробуждения краткой ремиссией.
Видно, что-то не досказала
Перед тем, как покинуть мир сей…

Милая Ольга Юрьевна

1.

Кто она?
Старая книжная фея.
Живёт меж засушенных лепестков книги.
Какой? Неизвестно. Листай получше,
Авось и найдёшь её в заводях жёлтой
Трухи, которой она пудрит
Гармошку шеи и лицо перед тем, как
Вспорхнуть (так ей кажется) с насиженной
Стёртой страницы плохого качества
Печати постсеребряного века.
Пыль столбом, когда она в ступе
Чернильницы носится над моею тетрадью,
Опыляя увядшие розы журналов,
И тычется сослепу в авангард.
Он привлекает её непонятным
Сочетанием букв, из которых можно
Сложить «виноград» с двумя описками,
С чернильным привкусом,
С кнопками косточек...
Ва-на-град... Она зажмуривается,
И пергамент вкруг её глаз собирается
В плиссе, и она добреет, мурлычет,
Смакует давно позабытое старое.
Сластёна милая, как прекрасно
Чувствовать себя молодой и новой!
Качайся пока на закрученных лозах
С пустышками вымышленных ванаградин.

2.

Кто её выдумал?
Навязчивый насморк,
Слезотеченье, першенье в горле.
Кто-то считает её аллергеном,
Кто-то — защитной реакцией полки,
Кто-то — блюстителем книжной нравственности.
— Ольга Юрьевна! — я её окликаю.
Она капает сверху чем-то жирным
На главную букву в моей тетради,
И всё расплывается безвозвратно,
И это безобразие
Называется деконструктивизмом.
Что ж ты делаешь, Юльга Орьевна?
Разве можно так обращаться с буквами,
Из которых что-нибудь, может быть, вырастет?
Может быть, целая литература?
Она сердито захлопывает обложку
Чьего-то полного собрания сочинений,
За которой отлёживалась её куколка,
Заранее злая. Вот видишь, до чего
Довела ты писателя полного собрания!
Больше он уже ничего не напишет.
А ты всё пудришься книжной пылью
Над его полным собранием огорчений...

3.

Фея моя, зачем ты хочешь
называться именно этим именем?
В имени — что? Или лучше — кто?
Вот в чём вопрос. Ночами грезишь
Снами подвеянной Веры Павловны
О домах, перекошенных в мозгах архитектора,
Что гнутся медленно, как алюминиевые ложки,
Под взглядом философа из палаты номер шесть.
Ольга моя, долгорукая с большой
Буквы, конечно же. Что ж нам делать?
Построила город из бумажных кирпичиков —
И клонишь полку свою то влево,
То вправо. Вот-вот рассыпется. Снова
Шуршишь страницами. В комнате полночь.
Пьяно, пьяниссимо... Только ветер.
Молчу, прислушиваюсь: где ты? Что ты?
В ходиках стрелочник крутит стрелки,
На всех парах катит поезд-время.
Под него ты читаешь «Анну Каренину».
Анна бессмертна, ей не до времени,
Ей бы только вовремя броситься.
Опять всё запуталось... «время», «вовремя»...
Будильник, негодуя, дрожит клювом стрелки,
Вот-вот обрушится из перьев столетий
На царя в голове, как Золотой Петушок.

4.

Время — в тебе, в твоём беспрестанном
Шуршанье. Страшна его деловитость.
По ней истекает другое время —
Простое, тетрадное, что не вхоже
В то, крепкое, книжное, из дуба зелёного,
Который ты охраняешь зорко.
Мне не приблизиться: шаг влево — сказка,
Шаг вправо - песнь. Поняла, сдаюсь.
Слушаю только твоё священное
Шуршанье. Оно заглушает ветви.
Они пытаются мне нашептать
Какие-то заповеди Лукоморья.
Но ты — на страже. А я — лазутчик.
Меня поджидает на том конце
Тетрадь. Это всё по её заданию.
А она не платит мне ни гроша.
Но это - другое. В эти дебри
Мы не полезем. Дорогая фея,
Что ты делаешь, например, в четверг?

5.

Вся поэзия живёт в котельных,
А браки издателей и писателей
Свершаются на небесах, уже после
Того, как котельную опечатают.
Тогда приходит и твоё времечко,
Фея моя с мушиными крылышками.
На них не подняться тебе выше
Полки с полными собраниями сочинений.
На этот запах ты и слетаешься,
Моя многорукая и долгокрылая
Лже-Ольга. Зачем ты топила в чернилах
Бумажные кораблики, вымарывала чёрным
То, что было написано по белому?
Лютая, лютая... Что ж теперь будет
С посланиями бедных папирусных корабликов?
Опять обижаешься, лицом своим круглым
Пытаясь походить изо всех своих сил
На ту, что сияла как луна в ночи.
А получаешься как та, что в «Евгении Онегине».
Поскорей бы нашло на тебя затмение.

6.

Отгородилась от меня, фея моя, целым городом.
Теперь мне уже и не подступиться
Даже на поклон. А бывало, пронесётся
Музой иностранной, капнет жирным —
И легче на душе. И даже когда
Ночью затевала пожар, пытаясь
Поджечь рукописи, даже тогда
Тепло и весело было в наших котельных:
Все плясали, чертыхались, дивились
Всполохам по чёрному куполу города.
Купола нет уже. Город осунулся,
Будто кто-то набросил на него
                        колпак без прорезей
Для зренья и дыханья, и теперь вот снятся
Плохие сны, со сквозняками, и насморком,
И всякой нечистью, выходящей из носа
Наружу в полночь, когда в за́мке ума
Одни привидения блуждают с поддельными
Стихами и биографиями. Ты пестуешь их
В своём фолианте, пока они не скукожатся
В корзине для мусора. И целую ночь
Приходится ворочаться, уворачиваться,
Чтобы не сцапали, не затащили
Они и меня в свою шумную компанию
И чтобы и я потом не скукожилась
В собственном мусорном ведре или — хуже —
В алюминиевом доме больной Веры Палны
С резким перекосом в научный прогресс,
Где бьётся в стекляшке окна-аквариума
Её слабоумная фантазия. Ну к чему
Мне эти кошмары, Вольга Рьюена?

7.

Стало опасно здесь находиться.
Разобрать вообще ничего невозможно.
Жизнь моя — сплошной абсурдизм,
Что бы ты или кто-то выше
Тебя на этих дубовых полках
Ни говорил, ни писал и ни думал.
Выше дуба нет ничего.
В буквальном смысле этого слова.
Я там была и рукой дотянулась.
Всё, что над кроной, — сплошная бумага.
Потянешь за край, и она разматывается
До бесконечности и даже после.
Она размножается сама собой,
Как эти собрания сочинений
С мушками авторов в паутине букв.
Кто их вызволит? Но суть не в этом.
Бумаги много, хватит на всех.
Если вообще это сейчас актуально.

8.

Мучают ли тебя угрызения совести?
Хотя бы сегодня (семнадцатого января
По старому стилю)? Признайся, лицемерная!
Помнишь, как капала чем-то жирным
На его рукопись? А он кашлял, кашлял...
А потом махнул рукой и уехал.
А ты только фыркала, как та лошадь
Перекладная, на которой он плёлся,
Слышал фырканье твоё, просыпался,
Потел и вздрагивал – и снова падал
В овраг. Ты этого тогда хотела?

Сны его до сих пор бродят,
Бередят в сумерках пёстрые страницы
Твоих многочисленных нижних юбок.
Он прыскает со смеху – и они шевелятся,
Как фантики-бантики. Ты комична
Сегодня. Это всё оттого,
Что у него нездоровое чувство юмора.
Но откуда ему набраться здоровья
В таких условиях (по старому стилю)?

9.

У меня от тебя уже мигрень.
Записаться б на приём к доктору Айболиту,
Но он сидит на цепи под дубом
Вместе с другим доктором — Живаго.
Они отбывают по делу врачей,
А мы отбываем по делу пациентов.
Всё. Меняю этот век на позапрошлый.
Но со всеми удобствами. Можно без лифта.
Главное — без печки. От неё много дыму,
А ты на тот свет свела трубочиста.
Он падал и падал сквозь грязь и копоть.
На него уставилась поломанная звезда,
А ты загадывала быстро желание
О полном собрании. — Так нечестно! —
Он только выкрикнул. Прощай, трубочист!
Больше никто никогда не прочистит
Туннель дымохода, ведущего к небу.
Заражены трубы в нашем городе,
Включая и подзорные,
И есть лишь один
Выход из нашего архипелага —
Это загадочный

Остров Фюн.

10.

Остров Фюн, дорогой, любимый,
У моря, с городом добрым Оденса,
Прими меня! Я второе апреля
Буду праздновать как свой собственный день.
Двойка вниз головой — пятёрка,
Если взглянуть на неё сквозь Землю,
Когда стоишь на другой стороне
Эллипса, окантованного иероглифами звёзд.
Путь к тебе — по дымоходной трубе,
По весёлой и радостной тёплой котельной
Внутри Земли, глубокой и мудрой,
Где всё наполнено тайным смыслом
Зерна́, и звезды́, и живого пламени.
Там обитают мыши и бабочки,
Мерцающие личинки, цветы и породы.
Они указывают дорогу к острову.
Мне бы только один глоток
Этого испещрённого блёстками соли,
Подвижного, звонкого, как ребёнок,
Воздуха, а потом уж можно и назад —
К фее моей, взлохмаченной, лютой,
Как муха, протрезвевшая меж оконных стёкол
После запойной зимней спячки.
Должно быть, мечется, меня дожидаясь,
Чиркает крыльями, брюзжит недовольно.
Вот бы выпустить её на волю!

11.

В комнате моей,
Совсем как во сне,
Плавают в невесомости лунного света
Собрания сочинений –
Распахивают страницы,
Приглашают в свои тридесятые государства.
Но нам выпадает из этой колоды
Гаданий, и чаяний, и авторских прав,
Отданных на читательское самоуправство,
Узкая, тонкая ледяная пластинка
С острой каёмкой, почти белой.
По ней и движемся – я и она.
Я скольжу,
Удерживая равновесие.
Ребро пластинки режет подошву.
Ах, вот какой ты, алмазный мой венец!
Она порхает, нервно подпрыгивая,
Точь-в-точь как описка от дрогнувшей ручки.
Вокруг черно, как в моей чернильнице,
Глубокой и страшной, откуда выходят
Мои сновидения, сбываясь в тетради,
Что ёжится всякий раз, как только
В буквах заводится что-то бесплотное.
— Ольга Юрьевна! —
Она вздрагивает,
Словно её застукали за перечёркиваньем
Ещё живой, страдающей рукописи,
По которой она проводила отточенным
Стальным пером, и красные чернила
Выступали на поверхности фиолетовых строк.
— Ольга Юрьевна! —
Прилив чернил.

Вера Зубарева. Тень города, или Эм цэ в круге.

Колебание бликов.
Опять мы вместе.
Где-то ты уже об этом читала.
Рукописи – призраки детей Гамлета,
Они оживают в полночь, в полнолуние.
Видишь?
Слышишь?
Она озирается.
Я наблюдаю. Грустно опущены
Крылья её в горошинках блёсток.
Хочешь свободы? Она лишь ёжится.
Её пугает большой ветер,
В лохмотья грозит изорвать её крылышки.
Большой ветер — для крыльев-парусников,
Звук его ночью вибрирует в дубе,
И тот шелестит страницами в комнате.
Полки — дупла с его книгожизнями.
В них укрывается от большого ветра
Фея моя злая и пугливая.
Свобода мне нужна, а не ей.
Но мне никуда не деться от дуба,
А ей никуда не деться от полок.
И мы продолжаем свой путь, покуда
В стекле чернильницы моей не забрезжит
Мантия рассвета
С кровавым подбоем.

В ПРОСТРАНСТВЕ НОЧИ

Чеховские мотивы

1. Ялта

Рыбы режутся о каменистое дно,
                             в царапинах море.
Зонтик с книгой в обнимку
                             дремлют на скамейке влажной.
Ялта в дымке историй выходит на берег Истории.
Дама с собачкой неспешно гуляет по набережной.
Впереди у неё душная комната,
                             крах седьмой заповеди.
Покаянье, зевок любовника: - Да о чём ты?
После – море, *как вечный сон*, в Ореанде,
А напротив – церковь в сумерках, белая в чёрном.
Он вернётся в Москву.
Будут улиц метаморфозы,
Колокольный звон, осетрина с душком, смятенье,
Город С. и серое платье, и слёзы,
И гостиничный номер с окошком,
                             в котором темень.
А потом метель, февраль, словно мир распятый,
А потом июль, подвал, разложенье веры,
Нарушенье заповеди – шестой и пятой,
А потом четвёртой, третьей…
Наконец – первой.
А страницы бегут, бегут. Всё опаснее угол крена.
Пароход судьбы опять возвращается в Ялту.
– Пусть простит меня Бог! –
восклицает Анна Сергевна.
И идёт на набережную к Пилату.

2. Письмо

Милый Антон Павлович! Помните Ялту?
Она, как тогда. Не волнуйтесь, не переехала.
Я проверяла, читала, сличала карту.
Всё хорошо и спокойно в домике Чехова.
Ялта мне снится. Как ангел всего полуострова,
«Белая дача» его от падений хранила.
Я разделяю о ней слова Паустовского:
«Место в России огромной лирической силы».
Впрочем, кто я! Ванька Жуков в семье сапожников.
Стукнут, чуть что, молотком за моё недомыслие.
Так что письмо – между нами, пускай, если можно.
Главное – это свобода обмена письмами.
Главное – чтоб адресат на земле своей значился.
Главное – чтоб не сносили его как помеху.
Главное – чтоб почтальон доносил по адресу
Ныне и присно: «Крым. На деревню Чехову».

* * *

Романы рождаются бурно лишь в жизни,
                            а на бумаге…
Тянешь строчку за строчкой,
как санторинский ишак.
О фантазия, – движение муравья по коряге,
Видящего в ней инопланетный ландшафт!

Ночью в комнате время шуршит по стенам.
Башмаком запустить бы,
да что толку – опять улизнёт.
И пространство от этого брака
становится канцерогенным.
Вот такие романы… Имеющий ум да смекнёт.

За пределами книги –
чернил непролазная слякоть,
Тусклый свет фонаря,
нелюдимый квартал на сто вёрст.
И повозка с рогожей, под которой не я хоть,
Но достаточно мне и того,
что мой ум с ней меня соотнёс.

Я туда – ни ногой.
Там строчит без оглядки, без цели,
Без мучительной правки – наобум, на авось –
Беллетристка-судьба свой бульварный бестселлер,
На который всегда возрастающий спрос.

Я туда – ни строкой.
И бумага промокла до нитки,
И в чернильнице ночь,
будто я пишу в старину,

Вера Зубарева. Тень города, или Эм цэ в круге.

Где спираль мирозданья
почти что такая, как в свитке,
С неразгаданной связью меж теми, кто их свернул.

В печке тихо потрескивают горящие звёзды.
Веткой жизни печальница-память шевелит золу.
Пляшет пламя, а так – кроме нас – никого здесь.
- Прояснятся ль чернила до завтра? -
вздыхаю в их мглу.

* * *

Этой ночью тихо светились чернила.
Я догадалась мгновенно, в чём тут дело.
В небе ни зги – клякса звезду казнила.
Только страница во всём пространстве белела.
Стражники ночи шли – за плечами косы.
Взгляд их стальной был строг – как штык наготове.
И шелестели в книгах листы-колосья,
Пряча поглубже запретные зёрна в слове.
Ну а чернила всё продолжали светиться,
И на поверхности таяли снов разводы,
Тайно перо пересекало границу,
Чтоб окунуться в те волшебные воды.

Переворот

1.

В этой глуши
даже луна с закрытыми всходит глазами.
Каждый предмет
кажется собственной тенью.
Стол с сорняками бумаг – что заброшенный замок,
На пустыре его бродят стихов привидения.
Скоро уж, скоро снегом припудрятся ели,
Дух небылиц будет отпущен на волю.
Снег поначалу лёгкий – потом тяжелеет.
Впрочем, как всё, что соприкоснётся с землёю.

2.

Стол мой на оползнях. Бредит перо бездорожьем.
Варевом слякоти травят его тёмные силы.
Всё расползается, форм опознать невозможно.
Как-то я вышла – попала в сплошные чернила.
Ночью там хлюпает кто-то. Может быть, рыба
Хочет родиться из хляби. Рот её сонный
Жижей чернильной чавкает беспрерывно,
Силится выдуть из гущи волшебное слово.
Если удастся – жизни забьётся невод,
Звоном чешуек, словно кошель, переполнится,
Затрепыхает на жабрах влажное небо…
…Вот уже утро стирает её. Снова бессонница…

3.

Свечка сигналит светилам, но всё понапрасну.
Топливо сна почти уже на исходе.
Каждый прилив приносит с собою кляксу,
Каждый отлив – обглоданных слов уродье.
Сырость чернил стала уже несносной.
Мох между строк… Не прочитать между ними!
И запятые и те уже крутят носом,
Морщатся, только заслышат моё имя.
– Где я, ау! – Побережье стола раскинулось.
Как после шторма, строчек обломки валяются,
Букв косоногих в них копошится живность.
Вынуть захочешь – только измажешь пальцы.
Чёрное море моё, на тебя ишачу,
Рыбе пытаюсь потрафить (авось осчастливит?),
Слушаю всплески весла рыбарей незадачливых
И обещанья чудес в приливе-отливе.
Мне бы одно только чудо из всей этой гущи
Древнего варева тьмы, никогда не спящей!
Чудо нейдёт ко мне. Только глумливое чудище
Каждую ночь набивается мне в товарищи.

4.

С позавчера появились дурные приметы:
Ручка под стол закатилась и канула в хрень
Старых бумаг, паутин. Я звала её: – Где ты?
Ель зашаталась в окне с луной набекрень
(В гульбищах с ветром губит себя понапрасну).
С полночи стол накренился и долго скрипел,
И раздувался страницы потрёпанный парус.
Шторм разыгрался. В словах размыло пробел.
Волны вовсю грохотали в грозной чернильнице,

Стол заливало, скакало под пламя свечи
В трюме окна
Привидение школьной учительницы
С вестью о том, что уже улетели грачи.
Как? Неужели и впрямь это поздняя осень?
Ручка по палубе пола каталась в слезах,
То ли от хохота, то ли от шторма. – Ай, бросьте! –
Кто-то ей с лёгким знакомым акцентом сказал.
…………………………………………………..
Стали слабей ядовитых чернил испарения,
В ходиках ангел чихнул и пропел с хрипотцой,
Вий отступил (о, великая магия времени!)
И улетучился змейкой в окно по косой.

5.

В тетради тревожно –
шныряют меж строчками тени.
Радости мало, но всё ж, хоть какая-то публика.
Их приглашаю за это на чай каждый день я.
Жидкость не пьют, но съедают дырку от бублика.
Я же считаю убытки, ушибы, ошибки.
Может быть, рыбе моей не дано появится.
Может, коварно съедает слова-наживки.
Лучше бы вместо неё прилетела жар-птица!
У, лицемеры, невежды, исчадья обмана!
Треплют мне нервы, будто я принц Датский.
Я им про рыбу, они – про уху Демьянову.
Каждую ночь у стола моего святотатствуют.
Призраки яви… И здесь её слышу угрозы я.
Мир зашлакован, ему не до мудрости высшей.
Всё это рыбе моей не пойдёт на пользу.
Не удивлюсь, если станет она мышью.

В ПРОСТРАНСТВЕ НОЧИ

6.

С каждой строкой отдаляется моя рыба.
Что-то с пером…
Стало в сумерках серым, тонким…
Юркает в норку ящика беспрерывно,
Ждёт боязливо, предпочитает потёмки.
Может, на ключ от него запереть страницу?
Что оно трусит? Ночью шуршит бумагой.
Свечку зажгу – тут же ныряет в чернильницу.
Вот и свищи его в море чернильной магии!

7.

Утром на берег листа его штормом выбросило.
Все опасенья сбылись – так и вышло:
И без того мой ковчег кишел всякой живностью,
К ней в довершенье прибавился хвост с мышью.
Я бы его утопила в чернилах, когда бы
Знала, к чему приведёт та ночная агония.
Лучше б тарантул прибился, ядовитая жаба,
Узел змеюк с головы медузы горгоны!
С этой же серостью жизнь моя исковеркана,
Прахом пошла вся моя биография.
Нет, не дано мне порадовать мир фейерверками.
Даже своим привиденьям – и тем не потрафлю я.

8.

Это перо, однако, здесь быстро освоилось.
Книги марает с полок моих не слазит.
Стали к нему и тени захаживать в гости,
Кланяться и величать его князем.
Прямо из грязи чернил вознеслось, окаянное!

Смотрит на всех сверху вниз –
не хватает лишь нимба.
Прошлою ночью залезло в мои писания.
Там, где писала я: «мышь», переправило: «рыба».

9.

Это переворот. Пишу под кроватью.
Стол и тетрадь арестованы. Ручка в подполье.
После полуночи предпочитаю скрываться.
Только чернила пока что бушуют на воле.

10.

Последние новости: к власти пришли привидения,
Явились с допросом, слепили свечёй до рассвета,
В ящиках рылись, сдирали со стен тени.
Ищут какую-то мышь. Мало им этой!
В спешном порядке всё переименовали.
Смертною казнью грозят словам за ошибку.
Силюсь запомнить: «радости» – это «печали»,
«Ночь» – это «день»,
«Мышь» – это, кажется, «рыба»…

Дневник лунасшедшего

* * *

Три часа ночи. Луна в повязке тучи
Мучается мигренью.
От этих дождей разбухла и выглядит пьющей,
А на самом деле
Сухой закон на её поверхности,
И в кратерах – сплошная желтуха.
Кажется, тронешь – и распадётся от ветхости.
Время в дупле кукушкиных ходиков ухает.
Кто подбросил им этого филина?
Кто бы то ни был, так им надо.
Хоть бы одна задремала извилина.
Это из ряда вон…
Сколько осталось ещё до чего-нибудь?
Запад зашёл за восток. Что делать?
Тьма равняется эм цэ в круге.
Всего их – девять.

* * *

Вечер падал и падал
В канаву мира,
Куда стекали все дни рожденья
По ржавым трубам телесных зданий,
И толстая прачка стирала в ней простыни.
Они сушились на ветвях дерева,
Качал их ветер, и разносилось
Его завывающее баюканье.
И люди всхлипывали в своих постелях
Внутри небоскрёбов беспросветного города,
И кто-то опять предлагал: «Давайте
Придумаем себе бога». А другие
Ему возражали: «Но ведь это уже было.
Было, было… И к чему привело?
Опять лежим мы на краю канавы,
И прачка стирает в ней наши простыни,
И ветер сдувает с них всё до капли,
И никуда не деться от этого круговорота…».

* * *

Ночью встанешь,
Звёзды в окне нашаришь,
- Слава-тебе-господи, - скажешь скороговоркой,
Перекрестишь зеркало, чтоб не просквозило
Твоё отражение в минусовом королевстве.
Уснёшь.
Проснёшься с тяжёлым сердцем.
Чего-то не нашаришь.
Уснёшь с вопросом.
И уже никогда на него не ответишь.

* * *

Полчетвёртого.
Время заспиртовано с позавчера
В стеклянной копилке будильника.
День – как ночь, надетая наизнанку.
Жизнь движется по траектории
«Пойди-туда-не-знаю-куда».
И стоит ли вообще вставать или лучше
Валяться в постели
До следующего полчетвёртого?

Вера Зубарева. Тень города, или Эм цэ в круге.

* * *

Зябко просыпаться в утренних зимних комнатах
С натянутой тетивой ожидания
И стрелкой часов, нацеленной на жизнь.
Лежишь и смотришь, как пробивается
Улица из темноты, сереет небо,
Подрагивает будильник... И всякий раз
Кто-то не просыпается уже на земле.

* * *

Явь иллюстрирует картины будущего сна.
Сон иллюстрирует картины будущей яви.
Отрицать что-либо одно –
Что вставить линзы в рамы окна
И носить воздух в роговой оправе.
Явь и сон –
Пересыпание в песочных часах песка,
Перемещение «верха» и «низа»
В их приталенной колбе,
Дом,
В основании которого река,
И единица, выраженная в дроби,
Идея
И её материализованный фантом,
Палиндромон и его смысловая неувязка,
Три наших «я»,
Расчленённые временны́м пластом,
И единая посмертная маска.

* * *

Вот уже и море всё вылилось,
И луна
        на одной вольфрамовой ниточке держится,
И от притяжения ничего не осталось,
Включая и всемирное, на которое все ставили.
Его заменил закон отторжения.
И каждый вздохнул с большим облегчением,
И стал сам себе и духом, и ангелом,
И несётся в свои запредельные дали.
Положен конец мировому падению
С одинаковым ускорением
Для чистых и нечистых.
И прямолинейное равномерное мышление
Ушло в предание, а завихрения в природе
Поднимают весёлые настроения в галактике.
И много ещё чего хорошего
Приносит с собою конец света.

* * *

Тело-Гамлет
За тенью своей наблюдает за полночь.
Быть ли тенью, решает, или телом остаться.
Тень плетёт небылицы о предках отравленных,
Побуждает к действию, ибо для тени
«Быть» означает размахивать
                            помелом конечностей,
Пугать подгулявших, плодить суеверия,
Призывать к отмщению,
К борьбе за справедливость.
Иначе она лишь пятно на плоскости,
Марионетка материальных объектов.
Для тела же «быть» – это блюсти свою массу,
То есть стоять в стороне от всего что
Может однажды его уменьшить,
Привести в негодность или разрушить.
Тело стремится к сохранению массы.
Тень стремится к сохранению импульса.
Никогда, никогда не прийти им к согласию.
В полночь тень всегда побеждает,
А в полдень – тело.

* * *

Птица кружила над морем.
Плыл корабль, изнывали пляжники,
Прилипал асфальт к подошвам, как жвачка.
Продавцы мороженного запускали
Расплавленные руки в ледниковый период,
И руки превращались в эскимо на палочке.
Город сновал туда-сюда,
Облаянный собаками со всех концов.
Катились мусорные барабаны.
Дохли мухи. А птица кружила,
И каждый думал: «Ну какое, ну какое
Она имеет отношение к моей жизни?».

* * *

Воздух сгрудился. Ждали ветра.
Но он лишь пригнал огненные массы.
Город стонал на вертеле пекла,
Плавясь в молекулу из плоти и пластмассы.
«Из неё получатся новые планеты», -
Бредило будущим массовое сознание.
Душа стонала: «Ветра мне, ветра!»,
И он наскакивал порывами пламени.
Вспоминалась жизнь, учебник биологии,
И всё такое… Зачем это было?
Ветра мне, ветра! О, боги, боги!
Сбежали все. Осталось Ярило.

Лунасшествие

1.

Я шла по комнатам пустым, холодным,
Где и воспоминание мертво.
Я шла по комнатам пустым, холодным,
И эхо откликалось: «Ни-ко-го!».
Был лунный свет наброшен на предметы,
Как покрывала в доме нежилом.
Там что-то было за пределом света,
Склонённого над письменным столом.
И зябко передёргивались вещи
Под скрипки невидимок-половиц,
Как будто бы какой-то лунасшедший
Гармонии пытался полонить.
Но я прошла, раскланиваясь сухо
С темнотами, узнавшими меня,
А он упорно подбирал по слуху
Всё, что скопилось в подсознанье дня.

ДНЕВНИК ЛУНАСШЕДШЕГО

2.

Он сидел на обочине мироздания,
Весь из коряг, болотных опухолей,
С глазами красными от недосыпания,
С тяжёлой головой, с постоянными охами.
Брызгал в лицо себе из зацветшей лужи
И бормотал несусветные речи.
Ему мерещились всякие ужасы.
Больше всего он боялся человечества.
- Иди, отоспись, - хотелось сказать ему.
Но отдых был лишь для тварей Божьих.
И в этом было его проклятие,
И он знал, что и сон ему не поможет.

3.

Он повёл меня в своё подземное царство.
Ничего интересного. Пни да кочки,
Мотылей висюльки, муравьиные цацки.
Здесь и даром такого никто не захочет.
- Погоди! – он подул в замочную скважину,
Из неё посыпались пылью мошки,
И позволил взглянуть. Там всё неважное,
Без чего только тление невозможно.
А потом он повёл меня в свою сокровищницу,
Где рубин головешек и мох с мокрицами.
Я гадала, чем же это закончится.
И он высыпал всё на мою страницу.

Вера Зубарева. Тень города, или Эм цэ в круге.

Пришелец

Опять ты здесь.
Опять мой добрый сон
Пойдёт по руслу не моих фантазий.
Опять он будет полон безобразий
И возмутителен изменчивостью форм.
Прошу тебя, оставь меня, оставь!
Мой сон – творец бывалых впечатлений.
Равно как сны всех бывших поколений,
Он – отголосок яви, но не явь.

Иду к полузабытому окну.
Колодец-дворик, как и в детстве, узок.
В нём призрачное эхо лунных музык
Выращивает полную луну.

Старинный двор, ты скопище дождей,
Вселенная размытых отражений,
Обманчивый, угрюмый мир брожений
Изменчиво-незыблемых идей.
Любимый двор, сторонник вечеров,
Ты верен лишь вечернему укладу,
Где ветхость крыш твой составляет кров,
Как сырость – вечную твою прохладу.

Здесь вечно всё: коляска у двери,
Старушка на скамейке у порога,
Её молитва на день раза три,
Вязание и ожиданье Бога.

Ах, двор мой, двор!
Ты снишься мне не раз,
И в сне моём себе ты уподоблен.

Но нынче – сон с безумием помолвлен,
Но нынче – в сон вклинился чуждый глаз.
Он вывернет мгновенно наизнанку
Все образы, пришедшие ко мне.
И появленье это спозаранку
Предначертали в заревом огне
Тревожные багряные прологи.
Вздувались неба летнего ожоги
И облаками проносились в дне.

День полыхал июльским наважденьем,
Потрескивали остро провода,
И ветер с неприкрытым вожделеньем
Засматривался в сумерки, туда,
Где я для встречи подобью подушку,
Чтобы увидеть незабвенный двор,
Коляску, одинокую старушку,
Пришедшую в бессменный свой дозор...

...Мой чёрный двор безмолвен и убог.
Он отражения не сущих мечет.
В нём равнозначны двери и порог.
Молчит дитя, рождённое под вечер.
Неслышною молитвой сведены
Натруженные челюсти старухи,
И ангелы, которые должны
Её услышать, – далеки и глухи.

Окочененье вечера. Пора
Зажечь созвездий мутные лампады,
Что заготовлены ещё с утра
Чертовской проницательностью взгляда.
И там, где отражение моё
Навстречу мне вечерний взгляд сулило,

Старуха руки мертвенно сложила,
И спит ребёнок справа от неё.

И различаю я свои черты
В чертах младенца и старухи, влитой
В скамью. И у порога – у черты –
Готовы к погребению, омыты
Дворовой сыростью мои мечты.
Былые дни теперь – надгробья плиты.

Что написать, ну что же написать!..
Скорей, пока с душой неразторжима,
Пока загадка мной неразрешима,
А значит – можно кое-что сказать!..
Но что же, что? Старуха и ребёнок.
Порог и двери. Явь и сон во сне.
Неодолимый чёткий ход потёмок –
Как стрелок ход, направленный ко мне.

Кем я была? Сначала – этим тельцем,
Не могущим открыть заслон дверей.
Затем – желающей переступить скорей
Порог. Но между, помнится, с Пришельцем
Мне доводилось по свету кружить
И на бумаге ночью ворожить,
И мнить не подмастерьем, но умельцем
Себя... Но как проверить, как дожить
До истины единственной, до знанья
Зачем строка кружила, для чего,
И агнца невинного закланье
Коль было впрямь, то агнца – чьего,
Чьих стад? Пришельца?
Кто пастух? Не ветер?
Кто очевидец? Не сожжённый ль день?

А нож – не месяц, сгорбившийся в дельте
Ночи?.. Но вряд ли эта дребедень
Надгробными могла бы стать стихами.
Прощаюсь с агнцами, их пастухами.
Смотрю в колодец скорбного двора –
Старуха безымянностью мудра
И сложенными в благости руками.
Младенец снами путаными мудр,
И предстоит ему немало утр,
Пока забудется он яви снами.

Пришелец спутывает мыслей ход.
Он очерёдность знает и черёд.
И он не посягнёт на день грядущий,
Как на ушедший день не посягнёт.
Его владенье – настоящий миг.
Моё владенье – прошлое, и только.
Мы в этом с ним не сходимся нисколько
С тех пор, как этот мир со мной возник.
Весь этот мир, в котором добрый двор
Предметом стал полночных размышлений.
Пришелец – гость. Я – узник посещений.
И вряд ли мне его оспорить вздор.

Городские картинки

Квартал

Из одесских воспоминаний

1.

Овощной магазин. Тухлый запах капусты – удавка.
Покупатель – что браконьер –
Воровато возится в овощной мешанине прилавка,
Пока оттуда не цыкнет на него Циннобер*.
Весы бешено вращают глазами,
Как городничий былых времён,
И понукают: «Сами, сами
Расплачивайтесь за этот иллюзион!»

---

* Герой фантастического романа Гофмана «Крошка Цахес, по прозванию Циннобер».

2.

Справа от магазина, как раз на углу,
Метёт озверевший дворник
И держит прикладом вверх метлу,
Как будто бы он поборник
Своих собственных прав.
К субботе он мягче, а сегодня – вторник.
Того и гляди оторвёт рукав
И оскалится: «Гав!».

3.

Из дома напротив хлещет вода.
Сантехник, до которого не дозвонится,
Вдруг прибегает и решает: куда?
И: можно ли по течению пересечь границу?
Наша улица – венецианский квартал,
Преодолевающий языковые барьеры.
И поскользнувшись, кто-то пробормотал:
«Убью, гондо…льеры!».

4.

А это – почтальон с сумкой наперевес
Топает себе по Венеции.
Завидев его, жилец,
Несётся с водопадом по лестнице,
Покрывая расстояние в два прыжка.
Ему не до водопроводной канители –
Он ожидает вестей издалека.
Его квартира давно на прицеле.
Его телефон покашливает, его затвор
Клацает в рабочее время.
К нему частенько захаживает монтёр
Из районного отделения.
Почтальон протягивает измятое письмо
С подклеенным уголочком.
Клей на западе – настоящее дерьмо.
Да здравствует отечественная почта!
Почтальон-вездеход
Гнёт пространство с утра –
По воде, как ладья, по земле, как тура.
Почтальону – гип-гип ура!

5.

Фёдор Иваныч – дядя Федя –
Метёт тротуары в шесть часов утра.
Сметает Леонида Ильича в канаву,
Засыпает Владимира Мавзолеича листвой,
Перекладывает Шурика в мешок из-под тары,
Заталкивает Хоттаббыча под скамейку,
Пихает в бок бродячего Холеру,
И тот откусывает ветку от метлы.
- Ах ты, падаль! – восклицает дядя Федя
И идёт дальше мести улицы.
У него впереди ещё Себастьян Иоганыч,
Христофор Колумбович и Стенька Буяныч.
И каждый требует персонального подхода.
- Вот и вертись тут, - бурчит дядя Федя.
Метла-то по-прежнему одна, как ни крути.

6.

Себастьян Иоганыч выхрапывает протяжно
Прелюдию и фугу на двадцать четыре свиста.
Его тело как прилично темперированный клавир,
Вздымается и опускается в такт придыханиям,
А Фёдор Иванович следит за ритмом,
Орудуя бойко метрономом метлы.
Дуся в окне закручивает компоты,
Гремя на весь дом стерилизованной тарой.
- Дуся, - окликает её Фёдор Иванович, -
Давай поженимся! С метлой да бутылью
Много чего ещё можно закрутить.
Дуся смотрит на него томно,
А метла подбирается к Стеньке Буянычу.
Тот чуть вздрагивает и по щеке его тихо

Ползёт горючая Тараканова.
Стеньке снятся победные битвы,
Он машет руками и громко всхлипывает,
И медленно сочится вода из пробоины
Его повидавшего виды корабля.
– Дуся, проверь его квартиру, –
Любовно шепчет ей Фёдор Иванович. –
– Неровен час, останется без имущества! –
И сыпет дусту на несчастную Тараканову:
– Вот и добегалась, мадам Бовари!

7.

Осторожно прикрыв за собою двери,
Дуся спускается по лестнице на цыпочках.
У неё по коже бегают мурашки.
У неё в глазах пляшут зайчики.
У неё на душе скребут кошки.
- Видите, вам пора за решётку, -
Говорит ей вслед из квартиры напротив
Директор одесского зоопарка.

8.

В шесть часов вечера дворник одет во фрак.
В шесть часов вечера дворник забивает «козла».
Стук костяшек по гладкому заду стола.
Девочка на асфальте рисует («ла-ла-ла!»)
И подписывает: «Колька – дурак!».

ГОРОДСКИЕ КАРТИНКИ

Собакиада

Сценки из русского безрубежья

> *Вошла прекрасная собака*
> *С душой, исполненной добра.*
>   Белла Ахмадулина

1. Ссора

Всё утро сосед лаял на Собаку,
Она шикала, грозила хвостом, поучала.
Он отбегал, кружил по парку,
Потом возвращался и начинал всё сначала.
- Проклятье! – стонала Собака. – Наказание!
Позор перед всем собачьим околотком! –
Садилась в кресло и бралась за вязание,
Пока он свирепо драл себе глотку.
«Нужно просто набраться терпения», -
Собака думала. – «Он остепенится».
- Сидеть! - говорила ему время от времени. –
Но он лишь скулил и бросался на спицы.
- Что может быть хуже этих беспородных! -
Собака вскричала и, не довязав свитера,
Сложила в коробку ошейник, намордник
И велела поискать ему другого бебиситтера.

2. Разрыв

На всём лежала тень запустенья.
Комната была полна мрака.
Сосед вспоминал то чудное мгновенье,
Когда в дверях появилась Собака.
Он подошёл к ней несмело, боком,
Смерил её недоверчивым взглядом.
Она прошептала что-то из Блока,
Типа: «чудовище», и он лёг рядом.
Она внесла свои чемоданы.
Он тыкался мордой в её вещи.
А дальше всё было точь-в-точь по Данте –
Чем дальше в лес, тем просвета меньше.
Он грыз учебники, рвал пособия,
В её отсутствии их листая,
И бурь мятежных злые подобия
В нём поднимались как блошиная стая.
Он долго и рьяно сопротивлялся,
Но, невзирая на все усилия,
Его закрутил ураган из Канзаса,
И Собака сказала ему: «Или – или!».
Он ждал, что она вернётся, вперясь
В останки книг, изодранных в клочья,
И только обрывок с «in vino veritas»
Открыл ему всю глубину его горечи.

3. Возвращение

Он причащался две недели,
Алкал кагор, закусывал на грядке.
Потом его долго отрезвляли в купели,
А он порывался булькать колядки.
Очнулся в церкви со строгим режимом.
- Как окрестили? – орал эскулап ему.
Позвали Собаку. Ответила: - Джимом.
И сосед в знак согласия дал ей лапу.

4. Диктант

Скрипело перо, стонала бумага.
Сосед, пыхтел у настольной лампы.
«Я к вам пишу», - диктовала Собака.
 Он приписывал: «Встретиться нам бы…»
Муха что-то ехидно жужжала.
Сосед огрызнулся: - Заткнись ты, холера!
«Когда б надежду», - Собака продолжала.
Он приписывал: «И Любу с Верой».
Вплыли сумерки звёздной предтечей.
Сосед закусил и растёкся мыслями.
«Чтоб только слышать ваши речи», -
Собака диктовала. Он не приписывал.
Диктант затянулся. Звучало из мрака:
«Я жду тебя!».
Он прибавил: - Ну же!
«Кончаю», - продиктовала Собака.
 «Страшно перечесть», - приписал Пушкин.

5. Мечты

За окнами ветер завывал адажио.
Снег крошил облака навылет.
Погода стояла такая, что даже
Собака хозяина на улицу не выгонит.
Светила небесные были в отключке.
Читали Булгакова «Собачье сердце».
Сосед вертел шариковой ручкой,
Не понимая ни бельмеса.
Собака знакомила его с азами.
Подходили к концу вторые сутки.
Сосед смотрел на неё умными глазами
И в тайне мечтал о рае в будке.

6. Культурный барьер

Собака стояла в очереди за сардельками
В бакалейном отделе универсама.
Перед ней обнюхивала мужчину в телогрейке
И чесала за ухом какая-то дама.
- Две сосиски – говяжью и баранью, -
Сделав реверанс, Собака попросила,
Прибавив: - Будьте добры, сударыня!
Её не поняли, и вышвырнули из магазина.

7. Их нравы

Припекало. Отделяясь от суши,
Трясли задами к воде два нудиста.
Собака смотрела, как болтались их уши,
Где шерсть кучерявилась, и тихо присвистывала.
Потом она развернула мороженое,
Прикрывшись салфеткой,
                    чтоб не заляпать блузку,
Но полицейский гаркнул: - В одежде не положено!
Её раздели и забрали в кутузку.

8. Фантасмагория в полицейском участке

Соседа взяли с переломом лапы.
Накануне он выдавливал раба из «Перцовки».
Раб кочевряжился, бил лампы,
Все попытки унять его были с той же концовкой.
Собака взволнованно набирала участок,
Дежурный полицейский рычал ей в трубку.
Она уверяла, что сосед не причастен,
Бежала на помощь, потеряла туфельку.
На проходной бульдоги в форменных фуражках
Бросались на неё, как на амбразуру,
В клетках задержанные куражились,
Телефон выкрикивал что-то нецензурное.
Полночь чудила. В тыквах автомобилей
Крысы-таксисты накручивали счётчики.
Два зубастых прокурора вплыли,
Раздавая хвостами всем пощёчины.
Приползли понятые, шевеля усами,
Обнюхивали на столе каждую крошку.
Полицейские, бывшие днём псами,
Узнали в потерпевшей соседскую кошку.
Участок выл, мяукал и крякал.
Конвой обводил всех глазом циклопа.
Сунув соседа в мешок, Собака
В одном башмаке по лестницам шлёпала.
В колючую проволоку заколдовывались розы.
Туфельку за мзду принесла нищенка.
Был объявлен уголовный розыск,
И принц постепенно превращался в сыщика.

ГОРОДСКИЕ КАРТИНКИ

9. Утешение

Он поскуливал, подёргивался, плакал.
Ему снились проклятые кошки.
- Спи, - шептала ему Собака. –
Тебе осталось совсем немножко.
Вот дослушаем Берлиоза вместе,
Дочитаем последний том Бальзака,
Ты сдашь экзамен на аттестат зрелости
И станешь большим и умным. Как собака.

Вера Зубарева. Тень города, или Эм цэ в круге.

Сказки о двух концах

1.

В этом мире всё шиворот-навыворот:
Привязываешься, потом срываешься с привязи
В дремучий лес, где серые волки,
Пьёшь из лужи, и в результате
Становишься серым козлом. И дальше
Понятен конец твоего приключения.
Если же двигаться в обратной последовательности,
То она приведёт к счастливой развязке:
Сперва утоляешь полдневную жажду,
Потом выбегаешь из леса, где волки,
И мчишься навстречу крепкой привязанности,
Наученный горьким и страшным опытом.
И уже никогда не сорвёшься с привязи.
И узел лишь туже будет затягиваться…

ГОРОДСКИЕ КАРТИНКИ

2.

Чем дальше в лес, тем сказка темнее.
В тереме всё происходит на ощупь.
Змей его в ней живёт каждый день,
Изливает свой яд, жалит,
К сердцу её ищет ходы,
Бьёт хвостом своим в гневе,
Разбивает головы о её льды.
А она глядит мимо него и сквозь.
Он кусает слова у неё на губах,
Тоже холодные – не слова, а камни.
«Сколько же это будет продолжаться?
Пора, наверное, вызволять девицу», -
Думает, ворочаясь, в соседнем замке
Витязь по имени Синяя Борода.

3.

> *Когда б вы знали, из какого сора…*
> Анна Ахматова

Как полночь пробьёт,
Так сразу всё станет ясно:
Кто кучер, кто кони, и что на уме у Золушки.
Посему засыпать надо с первой звездой.
А если замешкался,
То просто закрой глаза на мышей и ящериц,
И других земноводных,
С которыми утром здоровался,
Жал руку, давал свой номер мобильника,
Звал в гости… Теперь вот твой дом окружили
И шуршат позвонками,
Мяукают, воют.
И Принц, будто нищий,
С дырявой калошей по городу носится –
Той, что осталась от хрустального башмачка.
Город полночный усеян дырявыми тыквами,
Лягушачьими шкурками, из которых
Утром выпорхнут розоволетые феи,
И пошлёпают в душ нагишом, не изведав стыда.
И охота тебе смотреть, как из этого сора
Растёт твоё окружение!
Шёл бы ты лучше спать.

4.

В этой коммунальной квартире жизни
Только видимость изоляции.
Что аукнется на одном конце –
На другом откликнется.
Горшочек волшебный варит, и переваливается
Каша жизни, и течёт по землям,
И её поедают звери и люди,
И берёзам она достаётся, и елям,
И её ручейки превращаются в перепутья.
А она течёт по горам, по просёлкам,
По извилинам улиц, несущих на площади
Недопитые банки от кока колы
И обрывки газетных надежд прошлогодних,
И по ней гадают, как на кофейной гуще,
Тычут пальцем в манное небо,
Строят планы на зыбкое будущее,
И каша булькает, «сбудутся, ей-бо…».
Ничего не сбывается, но все довольны,
Лопают досыта, до желудочной колики.
Поколенья сменяются, как батальоны.
А горшочек всё варит. Жаль ему, что ли?

5.

> *Вот в чём вопрос.*
> Шекспир. «Гамлет»

Три дороги.
По какой ни пойдёшь – потеряешь.
Вопрос: идти наобум
Или – вернуться назад,
Лечь на печь
Ещё на тридцать лет и три года,
Просчитать все ходы,
Снять ферзя Кощея Бессмертного,
Обрести Василису, себя потерять,
Вернуться к исходному,
Сделать новую рокировку,
И следить, как жизнь-медовуха
Течёт по усам, и думать:
«Всё суета сует»?
Или – выбрать дорогу,
Отвесить поклон, взять котомку,
Вдохнуть пьянящий озон приключения
И шагнуть по хрустящим стеблям кузнечиков
Во всё то же самое, только уже наяву
И без права вернуться в исходное положение?

6.

Время-Катигорошек
Катится по ручьям, по травам,
Оставляет борозды-трещины
На теле пространства-увальня.
А оно морщит лоб свой каменный,
Смотрится в зеркало прошлого,
И вопрошает: «Свет мой, зеркальце…»
А горошек всё катится, катится.
Плачет принцесса, бедная –
И к ней под матрац закатился он.
И стонет она, и охает,
Царь Горох за нею подглядывает,
И зовёт к ней Шута Горохового,
И хохочет она, чуть не лопается,
И лицо её стягивается и растягивается.
А горошек всё катится, катится…

7.

Вот он, вот он –
Лисой обернулся,
И сразу ему достался сыр,
Который Бог однажды послал вороне.
А раньше был стариком,
Рыбу ловил у самого синего моря
И старуха его донимала.
А теперь ему хорошо и зимой, и летом.
И сыр у него,
И удит он рыбу волчьим хвостом на святки,
И ловится рыба отменно,
Большая и малая.
А прошлой зимою щука ему попалась.
И зажил он счастливо,
И всё у него теперь по-щучьему –
И сам он, и дом, и жена его новая.
И щука в корыте из золота плещется.

8.

Идёшь по шаткой досточке жизни,
Слушаешь сказку про белого бычка,
А жизнь подсовывает бычка смоляного.
Прилипаешь.
Потом пытаешься отклеиться.
Потом отмыться.
Потом начать всё сначала.
А доска твоя, глядишь, и закончилась.

9.

Расскажи мне такую сказку,
Чтоб в конце было так, как в начале:
Ожиданье дороги, бескрайность
И знаменье на горизонте,
Чтобы птица в окно постучала
На размытой границе рассвета,
Чтоб герой пробудился и слушал,
Как её удаляются крылья,
И чтоб не было мыслям ответа,
И знаменья не разгадались,
Чтоб вздохнула во сне Василиса,
Заплескалась в зеркале зорька.
И чтоб день снова ждал на пороге,
И закончилось всё с «жили-были».

Колдовство

* * *

По пляжу гуляли
Толстые старухи,
Босые ступни мяли
Пластилиновый асфальт.
В железных урнах
Грызли сладости
Раскалённые мухи,
И сочно разносился
Их жужжащий альт.

На пирсе
Сидела, свесив ноги,
Девушка.
Волосы играли
Отблеском воды.
Мужчина
Наклонился
И подарил цветы.
Девушка бросила цветы на волну,
Соскользнула в воду и ушла ко дну.

Продававшая липучки цыганка-гадалка
Сказала: «Не видишь? Это русалка».
Старухи подбрасывали
Солнце животами
И липкими ртами
Смеялись
Над цветами.

* * *

Последний час,
Который отдан солнцу…
Оно уже не проникает вглубь,
Оно на верхних этажах, на кронах,
Само, как плоскость, -
Светлый плоский диск.
Объём огня потерян до заката.
Потерян так, как будто бы сто лет
До потрясенья солнцем,
До возврата
Мазка – в явленье, а штриха – в предмет.
Объёмы сумерек, объёмы ожиданья...
И расплылось в раздумьях мирозданье,
И не найти связующую нить.
И ядовито потемнели шторы,
Чтоб сразу за вопросом: «Час который?»
Незыблемое в зыбкое сманить.

* * *

Ничего, только ветер за окнами стих,
Только вечер взошел, и прибавился штрих
К одиночеству в комнате этой.
Перекинулся с улицы свет фонарей,
И запахли цветы перед смертью острей
Хищным запахом позднего лета.
Сломан день, и подтёк небосклон кое-где.
Замыкание краткое в старой звезде
Отключило кусочек вселенной.
Тёмный воздух слегка поиграл сам с собой
И надул занавеску, и кто-то живой
Зарождался под ней постепенно.

КОЛДОВСТВО

* * *

Вечер. Погашена вишня.
Что-то как отмерло в ней.
Листья деревьев подвижней,
Мысли деревьев темней.
Что замышляется в кроне –
Это нам знать ни к чему.
И распускаются корни
Глубже и глубже во тьму.
Брошенный в сумерках мячик
Вмиг обрастает травой.
Может мечтательный дачник
Спутать его с головой –
Зыркнет сквозь травы исчадье,
Лишь оступись невзначай.
Здесь же у нас на веранде
Свет, и готовится чай.
На чаепитии нашем
Вскоре появится гость
И притворится озябшим,
Наколдовав себе плоть.

* * *

Небу сумерки приснились.
В них деревья растворялись,
В них ручьи остановились,
Отражая тьму да слякоть.
Превратились кроны в тени
И шептали, и шептали
О всемирном тяготенье,
О разлуке и печали.
Ускоряли путь свой звёзды,
Осыпались, самоцветы.
И остов их, неопознан,
Остывал в пространстве где-то.
И никто их не оплакал,
И никто о них не вспомнил.
Лишь заря вечерний факел
Вознесла на небосклоне.
И пропела что-то птица,
Прославляя свет небесный,
Перед тем, как растворится
Вместе с солнцем, вместе с песней.

* * *

Тихо лето оседает в ранний вечер.
Целый час ещё до сумерек вчерашних.
Расцветают неразборчивые речи
Насекомых дребезжащих и звенящих.
Влажность сброшена с небес, как покрывало.
Там открылся бесконечный строгий воздух.
И как будто бы и лета не бывало,
Только любопытство в низких звёздах.
Строит медленно ходы в пространстве космос,
Размышляя то о вечном, то о разном.
Навести еще немного резче фокус –
И увидеть можно одинокий разум.

* * *

Тень сбежала по ступеням в виде струек.
Кто-то вздохнул, и солнце пошло к ущербу.
Облако заколыхалось в пасти сумерек
Куском застрявшего неба.
Вскрикнула в дальней точке птица,
Замахала крыльями резче.
Следуя дуновенью интуиции,
Воздух поплыл по скитаньям речи.
Голос бродил вокруг да около.
Становилось темнее и глубже.
Птица дотронулась до облака
И осыпалась тут же.

* * *

Майский вечер
Разбалтывает ставни,
Путает шевелюру сада.
Тучи скульптурны,
Как прибрежные камни,
И небо разлетается о них на каскады.
Дом проливается электрическою волною
Туда, где уровень трав поглощает пальцы.
Луна надтреснутой желтизною
Напоминает пустой черепаший панцирь.
Стало легче на несколько унций
Тело ужина, вытянутое в дыме.
Сейчас позовут.
И, как будто блюдце,
По слогам разлетится вдребезги имя.

Горный мир

1.

Бог бросает пригоршни птиц
С вершины своей горы.
Небо, вышедшее из-под рук кружевниц,
Ловит его дары.
Совсем мальчишка. Никаких забот.
С утра до ночи один.
Не носит нимба и вообще живёт,
Словно простолюдин.
Он так легкомысленно мчится вниз,
Выделывая «колесо»!
И я умоляю себя: – Берегись!
Он быстро забудет всё.

2.

Уже прояснилось подножье горы.
Всё выше ползёт туман.
На вершине клубятся облачные пары,
Как действующий вулкан.
Гора вернулась издалека,
Можно сказать – с небес,
И эти последние облака
Снимают её стартовый стресс.
Какая всё-таки здесь благодать!
Сиди, не разгибая спины,
И расписывай, как церковь, свою тетрадь
Строчками всевозможной длины.
Нет-нет и взгрустнётся всё же о том,
Что муж твой – не горный дух
И ждёт тебя небоскрёбный дом
С мусорником для мух.
А тёмный воздух касается крон
Или твоей головы.
К горе подступают со всех сторон
Сумерки, как волхвы.
И ты сидишь, закусив губу,
И сил шевельнуться нет,
Будто решит и твою судьбу
Их чернокнижный совет.

3. Сказка

Горбунья гуляла по парку,
По тихим аллеям сырым.
– Как славно сегодня, не жарко! –
Сказала, как мы говорим.
Но голос – особенный, певчий,
Таких не бывает у нас.
Не речь, а сияние речи –
Возник, озарил и угас.
А леса клавиатура
Звенела под эхо-педаль.
И шла её бабка хмуро
И молча сверлила даль.
На волосы русой горбуньи
Листву роняли дубы,
И знали лесные колдуньи
Значенье её судьбы:
Однажды, свернув к отвесу,
От горной тропы левей,
Она превратится в принцессу
Семи голубых кровей.

4.

Последний вечер. В сиреневый свет
Нарядилась моя гора.
Со склонов мне машут все, кто воспет.
- Прощайте,- шепчу,- пора!
На вершине торжественно зажигается Марс
В их, разумеется, честь.
А меня можно выдумать тысячу раз
И как угодно прочесть.

***

Вечер заполнил комнату доверху,
Будто открыли шлюз,
Дав свободу фиолетовому воздуху
С вкраплениями русаловидных муз.
Выхватываются пламенем из невесомости
Ручки кресел и мимика стен.
И даже радуешься, что нет совести
У ночных аварийных смен.

Сон

Мне снилось море в эту ночь:
Шли волны медленным накатом
И застывали под закатом,
Не в силах время превозмочь.
А время было – как зима,
Всё останавливало в беге,
В стремленье. Только кутерьма
Движение осуществляла в снеге.
Сверкали льдинами холмы
На побережье странно белом.
Так замерла душа волны
И обелиска стала телом.
Никто и верить мне не стал,
Что сны сбываются однажды,
Но каждый головой кивал,
И верящим казался каждый.
И каждый был безмерно рад,
Когда ушёл, дослушав сагу,
Но мой над волнами закат
Уже ваял морскую влагу.
И были все удивлены:
- Как так могло и с морем статься? -
Как будто, если им не снятся,
То и не могут сбыться сны.

***

Ёлка в заворожённой комнате.
Блики фольги и стеклянных игрушек
Плывут и дрожат меж ветвей неуклюжих
Сусальной вселенной в ёлочном омуте.
На комнату ночь надвигается слева –
С тусклых загадочных зимних окраин,
Откуда на вихрях неслась Королева,
Приметив салазки с маленьким Каем.
Сумрак читается слева направо
Шёпотом детским, как первая сказка.
В окне разрослась ледяная дубрава.
– Мама, мне жалко ребёнка в салазках!
Правда, что это не я там на улице
Плачу и мчусь за красивой колдуньей?
Лучше нам тесно прижаться, зажмуриться…
– Да, соглашаюсь, - так будет разумней.
Жмурюсь, поддавшись детской наивности –
Всё ведь возможно в ёлочном мире.
Мало ли кто вдруг надумает вырасти
Из-за плеча и бродить по квартире!

КОЛДОВСТВО

Поэма о зиме

> *Вечер тихий и морозный.*
> *Только снега нет и нет.*
> А. Блок

> *Она и в снах необычайна…*
> А. Блок

1.

За стеною тикают ходики.
За стеною бабушка вяжет
(А быть может, – Старуха
Мучает нитки острым холодным крючком).

Зима протянула прозрачные руки
В окошки и лужи
Для поцелуя.
Зима не боится тепла очага,
Зима оживает в натопленной комнате,
В сладком паре праздничного пирога,
В согретой постели
И во всём, что заботливо сохраняет тепло.

2.

Хлопают двери.
Кто-то вышел из дома
И спешит по хрустящей дорожке
Меж тенями сугробов
В глубину нарастающей ночи.
Луна зажигает иней на стёклах,
Серебрится,

Словно вывязал кто-то
Сетку из нитей стеклянных
И хочет накинуть
На окна уснувшего города
Вместо зимних узоров,
Опередив
Самозванным своим появленьем
Появленье Зимы...

3.

Хруст, хруст, хруст...

В сне моём
Город-паук
Ткёт паутины улиц.
Прозрачными крыльями
На паутине
Распласталась Зима.

Кто вызволит Зиму?
Старая добрая сказка
Хороша.
Но здесь – всё не так.
Здесь паук не паук,
И пленница вовсе не робкая муха,
И крылья – иные,
И эти шаги,
Которых не было в сказке –
Хруст, хруст, хруст...

4.

За окном хохочет в сугробах луна.
Кто-то выманил
К снежной сверкающей горке,
Подтолкнул хохотунью-луну
И теперь щекочет в сугробах,
И шепчет о чём-то смешном и тёмном.

За стеной – неустанно вяжет и вяжет.
Что ты вяжешь во тьме?
– Спи. Я вяжу покрывало.

5.

Кто вызволит Зиму?
Одеяло моё, как сугроб.
Мне тепло, мне уютно.
Мне не слышно хохочущих лун,
Что посыпались отовсюду
Устраивать лунные игрища.

...По комнате скачут
Зелёные, синие, жёлтые полосы света.
За стеною – я знаю, я чувствую это –
Беспросветная, несотворимая тьма.
О, Зима!
Ты на крыши крыльями пала,
А взглядом – в покрытые льдом фонари.

– Что ты вяжешь во тьме, до зари?
– Спи. Я вяжу покрывало.

6.

Одеяло чуть хрустнуло –
В него закатилась луна,
Рассмеялась и тысячу лун собрала у окна,
Тысячу лун
С зелёными,
синими,
жёлтыми
гладкими лицами.
Видишь ли, видишь,
Или уснула за спицами?
То бишь, крючком...
Что притаилась,
Вяжешь молчком?

7.

Ходики тикают:
Тик-да-так!
Нет никого.
Как же так?

8.

Ты киваешь мне там, за домами,
Словно видишь слепыми глазами,
Как иду за тобою
Тёмной тропою,
Словно властна и ты над моею судьбою,
И так же виляет крючок под рукою,
И с освещённого лампой листа
Сверкает мне вечная мерзлота.

9.

Шаг мой крохотен и скор.
Вот аллея.
Вот забор.
За забором разговор.
Шёпот, шёпот.
Быстрый смех...
Брошен снег, как белый мех,
На пригорок. Лес искрится.
В глубине мелькают спицы.
И кому же там не спится?

10.

Ты вяжешь-вывязываешь холода,
И метелью юлит за окном кот-лисица.

– Здесь всё – лебеда.
Что тебе снится?

– Твои клыки
У моей правой руки.

– Пустяки.
Пустяки, дружок.
Уж полон мешок.
Хватит на клубок? –
И снова смешок.

– Но зимой никогда, никогда,
Слышишь ты, не росла лебеда!

– Здесь и нет Зимы.

Только мы.
Только мы.

11.

Тот, кто нитки мотал в снежный ком,
Несомненно, был мне знаком:
Тот же профиль, склонённый угрюмо,
И безгубый, невидимый рот,
Жующий ведьминскую думу.

У забора не видно ворот,
Ни лазейки нигде, ни калитки,
Но я вижу (а как – не пойму) –
Всё мотаются снежные нитки,
Кот-лисица глядит сквозь луну,
Сквозь луну, что на той половине
Веселится, хохочет в снегах,
И зрачками дрожит на камине
В нарисованных углях,
Углах...

12.

Скрипнула калитка,
Скрипнули шаги.
Потянулась нитка –
Не видно ни зги.

Ухватила нитку –
Кулачок мой пуст.
Не найти калитку.
«Хруст» да «хруст».

Не найти калитки.
Не найти забора.
Не найти идущего…
Полно вздора!

13.

Знаю – вновь во тьме виляет
И по-лисьи заметает
Прочь бегущие следы
От забора, лебеды.
Всё запутывает, крутит,
То манит,
То будто шутит
Обещанием беды.

Лебеда под снегом скрыта,
Лебедой земля укрыта.
Видит, видит сны земля,
Как обманчивая свита,
Изо льда и грёз отлита,
Провожает Короля.
Кто он?
Доблестный избранник
Или скоморох и странник
Рыцарских времён?
Не узнать, не догадаться.
От монарха до паяца –
Всех равняет сон.

14.

Кто вызволит Зиму?
(Дорога черна.)

Кто вызволит Зиму?
(Одна я, одна!)
Сплетаются думы и вязнут в снегу.
За призраком в луны
Идти не могу.
За призраком в луны,
Что в той стороне,
Откуда сама я...

Не выбраться мне,
И круг не свершить,
Из окна не взглянуть
На снежный
сверкающий
ломаный
путь.

Я падаю в чёрный просторный сугроб,
И призрак насмешливо морщит свой лоб.
Сейчас растворится,
И лягут века
На грудь мне...

...И мнится всё та же рука –
Худое запястье,
Горбатая кисть.
Ненастье, ненастье.
Сугроб мой расчисть,
Развей, отыщи меня
В чёрном дому,
Не дай опрокинуться в снежную тьму!..

...Слежу за движеньем огромной руки,
Что луны катает

В тугие клубки.
И может быть, вовсе не ей, не Зиме
Сие покрывало готовят, а мне?

15.

Пар, пар,
Мар, мар.
Катится снежный шар.
Снежный ком –
Прямо в мой дом.
Бомм! Бомм!

Нет меня, нет.
Вот мой ответ
На тысячу лет!

Зря не гуди –
Пусто в груди.
Всё позади.

16.

Не кружи, словно птица
Над боязнью птенца.
Всё нездешнее – снится.
Не поднять мне лица.
Да и что за отрада –
Два крыла на двоих!
Мне и крыльев не надо –
Я забыла о них.

17.

Но кружит, и кружит.
Взмахи крыльев быстрей и тревожней.
Стекает с лица моего забытьё.
Слышу, слышу сердце своё!
Осторожней, прошу, осторожней...
Ты меня из обломков дурмана
Вызволяй не спеша –
Незажившая рана
Моя возвращающаяся душа.

18.

Скоро, скоро конец колдовству,
Твоему молодому вдовству.

19.

Вижу снова дорогу
И запутанный след,
Но тебя на подмогу
Не позвать уже, нет!
Ты опять не со мною.
Ты – в своей стороне
Со своею женою
В белокаменном дне.

20.

Вот ты где, старуха-вязальщица!
Сидишь на мосту, свесив ноги,
И вяжешь, и вяжешь.
Взгляд твой строгий

Меня не обманет:
Закончишь – не станет,
Навеки не станет Зимы.
А с нею и мы
Под твоё покрывало
Сойдём угрюмо и вяло.
Пусть твой кот
Сонную песнь не поёт,
И лисьим хвостом
Пусть дорог не метёт,
И когтем стальным
Пусть петель не плетёт
Твой кот.

21.

Кот мурлычет.
Мост дрожит.
Ах, вязальщица спешит!
Три петельки,
Три рядка...
Ей осталась треть мотка!

Вновь повеяло дурманом.
Серым крупчатым туманом
Колет сладко веки мгла.
За курганом, за курганом
Спит, доверившись обманам,
Безмятежна и бела.

22.

– Проснись, проснись!
Снегом асфальт замело!

Вяжет тепло
Моё тело
И бросает с моста его вниз.

– Проснись, проснись!

Я на мир гляжу сквозь стекло...

Я на мир гляжу сквозь стекло –
Да, действительно.
Снегом весь мир замело.
Ты шепчешь и шепчешь:
– Проснись, проснись...

И руки твои с моими сплелись –
Вот откуда это тепло.

23.

Кто вызволит Зиму?
Кто сон мой прервал?
Быть может, тот, кто меня охранял
И сон подсмотрел мой, рукою взмахнул
И вызволил Зиму? А вдруг – обманул?
От огорчений сберёг и от слёз –
Выкрал из ночи, в утро принёс.
Или – из яви унёс в царство сна,
Из яви, в которой погибла Зима?

24.

– О чём твоя сказка?
И что же такое Зима?

КОЛДОВСТВО

– Что такое Зима...
Поверь, не знаю сама,
Что такое Зима и ещё – покрывало...
Это всё я во сне только знала,
Когда глядела в заколдованные дома.
А теперь – и не знаю сама.

– Непонятная сказка!
И причём тут какой-то Король?
Ну при чём тут Король,
Объясниться изволь!

– Не знаю. Должно быть, какая-то боль,
Какая-то давняя, уж позабытая боль...

25.

За стеною тикают ходики.
За стеною – старушка вяжет.
За окошком – Зима
Веселится, заглядывает в дома.
Ах, опять кутерьма!
И зачем кутерьма?
Ничего не расскажет.

Вырастает на стёклах
Мной пройденный путь.

Хохочет, хохочет: – Смотри, не забудь!
Не забудь! – и срывается к звёздам.

– Не забудь! – и срывается к звёздам опять.
– Никому, никому меня не достать,

И фантазий моих не дано предсказать,
Покрывал колдовских не дано довязать!
Не забудь! – и срывается к звёздам.

Я смотрю на безудержный этот полёт.
За стеною – настойчиво – ходиков ход.

...Унеслась. Не увидеть.
Но выхватил лёд
Зигзаговый росчерк
И образ высот.

Даты ухода

* * *

Ветер в грусти задувал звезду.
С колокольни глазела птица.
Всякий в захолустье на виду,
И в его нуле единица.

Каркнул ворон, словно дали под дых,
Свет зари по росе прохлюпал.
Запотел от мыслей простых
Лобастый купол.

Переплыли небо облака
И аукнулись басом.
- Этот день уйдёт наверняка, –
Убаюкивал разум.

* * *

Нищенка на ступенях подземного перехода
Разглядывает проходящих, будто она
Constanta мира,
Его определение и свобода —
От всех независима
И с каждым объединена.
В переходе тепло.
Цыганки торгуют жвачкой.
Девушки прицен(«приценяются»)приценяются
К развешенным поясам.
Квадратный мужчина в белом халате
Зазывает к весам
И тянет пухлую руку,
Как за подачкой.
Сквозит в проёмах
И раздувает фалды плаща.
Нищенка роется в свежих объедках,
Шепчет молитву, поминает предков,
И ест, как деревенская женщина, —
Бережно и не спеша.

***

Смерть присела на лавочку возле калитки.
Вечерело.
Гуси, как со старинной открытки,
Слонялись без дела.

Вдали, раздавая коврам затрещины,
По-лилипутски бодро
Переговаривались женщины,
Выплёскивая напёрстки-вёдра.

В конце переулка
Торжественно заколыхалось стадо
Десятикратным повторением вымени,
Будто зрителями парада
Этих Ио-Исид были римляне.
Щедро шлёпались на землю лепёшки
Под выразительное «му-у»,
И пугались гуси, будто понарошку,
Отступая к забору, каждый к своему.

В печи расталкивали хлебное тело дрожжи,
Переваливаясь через трубу
Прямо туда, где деревенский боже
Выпятил нижнюю губу.

Невмоготу было старому коню.
Зажёгся свет. Вышел мужик из хаты,
Окинул двор, запустив пятерню
В затылок и без того кудлатый.

Плыли тестовидные облака,
Смешиваясь с хлебными парами.

Конь повернул голову в сторону мужика
И зашевелил ноздрями.

Мужик буркнул хмуро: «Не трусь!», -
Впервые пообщавшись со скотиной.
Загоготал ошарашенный гусь,
Должно быть, под хворостиной.

Мужик постоял и вернулся в дом,
Пробормотав смущённое «что ты?».
Смерть встала с лавочки
И, не оборачиваясь: «Пойдём.
Время охоты».

* * *

Друзья ушли.
Ноябрь и сырость
Достанутся друзьям сполна.
А в рамах узкого окна
Как прежде, вечность прояснилась.
И отчуждённость ветхих книг.
Их неприязнь к изящной полке,
И наши домыслы и толки –
Кто подавлял, а кто подвиг –
Всё улеглось само собой
И потекло по руслу ночи.
Соединяясь среди прочих
С моею ночью и судьбой.
Горюю о стезе друзей
И о постигшем их ненастье,
О невозможности вестей
В ноябрьском мире безучастья.
Как их собрать, как их свести
В единство тёплого застолья,
Чтоб каждый поделился болью
И беспредметной, и - в связи?
Так сокрушаюсь о друзьях,
О кратковременности связей,
О том, что вечности размах –
Суть всех разлук и разногласий.
Но забываю, что отсчёт
Ведётся с разных точек зренья,
И для друзей – наоборот,
Я воплощаю отдаленье.

* * *

Сыплются даты ухода в копилку сердца.
Было пустым и звонким. Теперь всё глуше.
Каждая жизнь готова переодеться
В платье из ткани, из коей вытканы души.
Кто-то невидимый ходит, снимает мерку
И оседает тёплый туман на плиты.
Падают листья. Ветви возносятся к Верху,
Птицы клюют молчаливые их молитвы.
Всё это – осень, это её известья,
Это её архангелы с ветром в крыльях
Тушат огни светлячков, и дичает месяц,
Бабочки вянут, несутся, как фантики с пылью.
Выдула шарик себе в день рождения рыба,
Так и плывёт по течению воды обмелевшей,
И провожает её по косе отлива
Шелест прибрежной травы: «Камо грядеши…»

* * *

Это ничего,
Это только ветер,
Это только машина завелась у дома,
Это только голубь
На подоконнике бредит,
И голубка бубнит в ответ монотонно.
Это только поздняя осень в учебнике.
Это только запах жёлтой страницы.
В нём настольная лампа
И свет предвечерний…
Это ожил отец.
Это только снится.

ДАТЫ УХОДА

* * *

Памяти моего отца

К морским глубинам тянется душа.
Там всё знакомо – кривизна пространства,
И копошенье – эхо вечных странствий,
И тьма, откуда жизнь произошла.
К морским глубинам тянется душа.
Туда же осень тянется за летом,
Туда уходит день за новым светом
И мысль за отрицаньем рубежа.
К морским глубинам тянется душа,
Чтоб в голос крови вслушаться взатяжку,
Следить, как жизни бродят нараспашку
По кромке неизвестного числа,
И ощущать привязанность нутра
К рассеянному тлению заветов
И расщепленью памятных моментов
На бесконечность краткого вчера.

* * *

Постояли, оплакали. Всё, как в прозе.
Помянули кого-то, кем он и не был.
Кто-то горстку стихов на прощанье бросил,
И смешалось с землёю,
Что было небом.
Разъезжались,
Немного мучались смыслом
По дороге в своё продолжение, там где
Остывали уже электронные письма,
Дожидалась жизнь на одной из стадий.
Жил да был да ушёл, не прощаясь, как бросил.
Нараспашку судьба.
Осень вымела праздник,
Бусы ягод рвала, расплетала косы,
Чтоб закончить вьюгою сказку сказок.
Растворялось пространство, но вечер медлил,
Дописать хотел ещё что-то вроде
Колокольного солнца с отливом медным,
И по глади морской – куполов полноводье.
Росчерк света завис, где души не стало,
И сиял до потёмок струной одинокой.
И вздохнул кто-то: «Ангел отбился от стаи».
Город в ночь погружался подводной лодкой.

* * *

Быстрый день междометием
Из истории выпорхнул.
Был ли – не был на свете он
Между вдохом и выдохом?
И в каком измерении
Познаёт в неподвижности
Относительность времени,
Относительность жизни он?
Всё догадки и домыслы –
От судьбы до случайности.
Из далёкого космоса
Только мысль возвращается.
Так и связаны с нею мы.
И в её милосердии –
Относительность времени,
Относительность смерти.

Колыбельная

Ах, ухватиться б за подол заката
И плыть, и плыть – туда, где не объято
Никем, пространство жмётся на краю
Всего земного, что уму понятно,
И напевает «баюшки-баю».
И на зеркально-синей акварели
Качаются как лодки колыбели,
Плывут как сны туманы вдоль земель,
И лунный свет играет на свирели
И нить судьбы мотает на свирель.
А ночью кроны – как большие крыши.
Под ними заклинается в двустишье
Магическое «баюшки-баю».
Ты слушаешь. Ты спишь. А край всё ближе.
Как ни ложись, проснёшься на краю.
И смешивая сумрак с небесами,
Единый кто-то, множась голосами,
Поёт одно и то же – «не ложись!»,
Но исподволь меняет всё местами.
Очнёшься, вздрогнув. Полоснёт, как пламя…
Кто это был? И вдруг прозреешь: жизнь.

ДАТЫ УХОДА

* * *

Памяти Арона Каценелинбойгена

Он просто не звонит.
Он есть, он пишет книгу,
Он думает, живёт,
Он каждый день спешит
Изменчивость постичь
И прикоснуться к мигу,
И проводить зарю,
И встретить свет души.
Он просто есть. Во всём.
И ныне, и вовеки,
Как дробь густых дождей
О барабан земли,
О чешую воды
С её окраской пегой,
С колониями звёзд,
Осевших на мели.
Он есть. Его влекут
Не помыслы, но смыслы
Туманности идей,
Их скрытый звёздный ритм,
Пружины бытия
С коловращеньем выси,
В которой снова нам
Соприкоснуться с ним.
Он просто не звонит.
Я просто не тревожу.
Навстречу нам часы
Вытикивают шаг.
Их строгий караул – наш соглядатай Божий –
Дистанцию велит блюсти.
Да будет так.

* * *

Он сказал: - Обернись!
Поле жизни – как поле стрельбищ.
Впереди лишь надгробья от тех,
кто сумел его перейти.
Он сказал: - Обернись! А иначе – окаменеешь.
Если в будущность хочешь – обернись! –
И во всём бытии
Только он говорил,
только ты лишь стоял и слушал.
Настороженно время взвело курок.
И зрачок у пространства был болезненно сужен.
Путь един за пределами трёх дорог.
Посему – нет распутья у смерти, а есть бездорожье.
Посему – есть распутья у жизни и выбор дорог.
Он сказал: - Обернись!
- Обернись! - он сказал, и продолжил...
Но об этом писалось уже не раз между строк.
И тогда ты поверил, хотя не читал междустрочий,
И я видела как
Вдруг обмякли мышцы спины,
И я знала, что это – наступление ночи,
Что отобрано поле навек,
Но подарены – сны.

* * *

Вот мельком, вдруг, не-летний свет
Средь летнего себя объявит.
Так быстро, остро! Был ли – нет?
Отбросив тени трафарет,
Колеблется листвы орнамент.
Не ожидать уже, но ждать,
Догадываясь – догадаться,
Что августа не задержать,
И августу не задержаться,
Что всё вершится в свой черёд,
И жизни ткань – из крепких нитей,
И непреложен строгий ход
Природных и – иных событий.
Вернее этих смен теперь
Не назову, пожалуй, верность.
И сколько же ещё потерь
Познаю как закономерность?..

Вера Зубарева. Тень города, или Эм цэ в круге.

* * *

Мама ходит по кромке земли и неба.
Там гроза собирается, тучи лежат тюфяками.
Люди спят на них. Лица бабки её и деда,
Словно вмятины в тёмной небесной ткани.
Смотрит, смотрит на них.
То ли ждёт, что проснутся, то ли
Заглянуть норовит им под веки, где бродят ветра.
Мама ходит по кромке древнего поля
Там, где небо с землёю сомкнулись,
Как завтра с вчера.
Я стою на другом конце жизни её, наблюдаю,
Как когда-то она наблюдала за мной из окна.
- Не ходи, - говорю ей тихо, - по краю.
(«Не ложись на краю», - когда-то пела она.)
Беспощадное поле растёт между мною и ею,
Превращается в море, и брезжит за ним океан.
Я ладони сложила в молитве о ней колыбелью
И качаю в них время,
Чтоб тише неслось по волнам.

* * *

Взмахнула руками
Разбитыми, выкрученными,
Распятыми растяжками страданий,
И полетела
Над Москвой, над Парижем
Над часом пик,
Над замурованными в электричках.
И остались внизу поклоны и поклонники,
Цветы и рампы, аплодисменты,
Дисгармонии в братской оркестровой яме,
Голодные сны о банкетах, и прочее,
Что составляло антракты её жизни.

Вера Зубарева. Тень города, или Эм цэ в круге.

* * *
> *Памяти Ани Яблонской**

Сегодня день её смерти. Впереди
яркое солнце,
пыльная площадь,
базар голубей,
памятник в бигуди,
ветер, двигающийся на ощупь,
перезвон трамваев,
бешеные часы,
пароход, поперхнувшийся нотой нижней,
и арифметическая линейка взлётной полосы
с сантиметрами
оставшейся
жизни.

---

* *Аня Яблонская (1981-2011) – одесская писательница, погибшая в результате теракта в Домодедово.*

Памяти Сада

1.

Хоть в сне чужом увидеть море!
Белла Ахмадулина

Утра уже не отличить от ночи,
Земли – от неба.
Холмик города на обочине
Прикрыт простынёю снега.
Доктора склонились над уходящей эпохой.
Медициной ли спасти историю?
Последняя попытка машинного вдоха,
А потом – к Морю, к Морю…

2.

*Не хочет плоть живучая, лукавая
про вечность знать…*
Белла Ахмадулина

Из окоченелого пространства,
Где сердце уже не орган а орган,
Глянуть мимо склонившихся,
Сказать «здравствуй!»
Тому, что казалось скорбным,
А потом ходить ещё по земной привязи
Туда-сюда… (Не о том ли у Пушкина?)
Вот и конец этой странной жизни.
Будет ли что-то из неё отпущено?

3.

Ну что ещё сказать?
Всё сказано навеки.
По досточке строки
Идти не вдаль, а вглубь.
Так попадают в сад
Из комнаты по ветке,
Чтоб зажигать луну,
Слетающую с губ.
Всё кончено. Окно
Глядит в другое небо.
Туда не подсмотреть.
И заколочен сад,
И в скважине ночной
Ключ к Дому заповедный,
И обнаружен код.
Но нет пути назад.

Встречи и лица

* * *

Уже ничего не остается от города,
Только его незначащие картинки.
Уходят по ту сторону восторга
Встречи и лица. На паутинке
Долго раскачивается паук,
Думает, думает и вдруг
Подпрыгивает вверх,
Как шарик на резинке.
Больше, кажется, ничего не надо.
Солнце позолачивает монеты на паперти.
Что образуется из распада
Города и осядет в памяти –
Пока неизвестно. Река между домами
Темно-зеленая и похожа на рисунок.
Она не движется, и солнечной гамме
Удается оживить ее в это время суток.

Старинный друг

Ст. Ильёву

А там, на улице Неглинной,
Живёт приятель мой старинный.
Я говорю ему: - Мой друг,
Как видите, свершился круг,
И в руки из моих вы рук
Привет примите длинный.

Берёт он руку в две свои,
И мы, как век назад – свои.
На улице так плохо,
Как может быть лишь в этот раз,
Который сводит вместе нас
Один лишь раз в эпоху.

*Старинный друг, не старше вы,
И несколько моложе
Мне показались ваши львы
Из мрамора в прихожей.
Я жду ответный комплимент.
Я, как всегда, в убранстве лент
И хороша, похоже.*

Таков обычай наших встреч,
И неизменна эта речь,
Служившая прологом
К зажжению гадальных свеч
И к ливню за порогом.

Ну вот, погода так плоха,
Что не бывает хуже.
Я говорю: - Моя сноха
Со мною вечно вчуже.

- Вы замужем?

- Отнюдь, отнюдь!
Но будет же когда-нибудь
Сноха при добром муже!

- А что родные говорят?

- Отец мой рад, пожалуй.
Он к нам пришёл на маскарад
В какой-то маске шалой.

- А мать?

- А мама пролила
Немало слёз напрасных,
Но и она на бал пришла
В одеждах распрекрасных.

- А сколько родилось детей?

- Я, право, не считала.
Они шалили меж гостей,
Не омрачая бала.
И я замечу, друг мой, вам,
Что дети были чутки,
И что проказы, шум и гам,
И эти злые шутки
Шли вовсе не от них, как вы

Подумали неверно.
Открою вам секрет - увы,
Так гадко и прескверно
Вели себя – нет, не друзья! -
Непрошенные гости,
С которыми не зналась я,
Мой друг, ни до, ни после.
Они кружили тут и там,
Кивали панибратски,
И разносили по углам
Чудовищные сказки.

- А как жених?

- О, был он тих.
И только с рифмой этой
Его я в свой врисую стих
И с тем - пущу по свету.
Да что жених!
Беды в нём нет.
Но можете представить,
Напала я на чей-то след,
На чью-то злую память.
Она показывала мне
Черновики в помарках
И предлагала сжечь в огне
В обмен на сто подарков.
Вы понимаете, на что
Она мне намекала,
Когда число шептала «сто»,
Выталкивая с бала?
Она просила ровно сто,
День в день
И вечер в вечер,

Сто наших с вами лет за то.
Сто лет с последней встречи!

- Вы были правы, дав отказ.

- Я отказала. Сей же час
Гостей незваных стая
Схватив мои черновики,
Их на ходу листая,
Подняла злую суету.
Помчалась в зал, где маски,
И предавала на лету
Всю рукопись огласке.

- А как же праздник?

- До сих пор
Он длится, как и должно.
Все посчитали вздором вздор
И ложным всё, что ложно.

- Вы путано, как на беду,
Сегодня говорите.

- Да я к тому вас, друг, веду –
Была луна в зените,
И был лунатик каждый рад
Попасть на свадьбу-маскарад,
Избегнув перипетий
С карнизами.

- Ах, ну тогда
Совсем другое дело!

- К тому ж, добавьте провода
К карнизам.
- Это смело.
Да, поступили вы умно.
А как же свадьба?

- Нет давно.
- Примите сожаленья...
- Не стоит, право. Всё равно
Веселье – в продолженье.

- А как же мать?

- Она больна
Была минут пятнадцать.
Теперь дозволено сполна
Всей правотой бряцать ей
Провидческих и горьких слёз.

- А как отец?

- Смеясь, унёс
Свою шальную маску.
Но корни пепельных волос
Сменили вдруг окраску.

Вот всё. Теперь настал черёд
Гаданьям ритуальным.
- Взгляните, друг мой, что-то ждёт
В том будущем недальнем
Обоих нас?
- Сто быстрых лет,
Сумбурная эпоха,
Затем погода – хуже нет –

И облегченье вздоха.

Я так и думала. Ну что ж,
Теперь пора в дорогу.
Спасибо, вечер был хорош,
Хвала и слава Богу!

*Старинный друг,
Чуть старше вы,
И показались старше
Из мрамора седые львы
В прихожей тихой вашей.
Не жду ответный комплимент.
Мне не идёт убранство лент,
Я в нём не стала краше.*

Таков обычай наших встреч,
И неизменна эта речь,
Что служит эпилогом
К гашению гадальных свеч
И ливня за порогом.

Неглинная полупуста.
Спускаюсь с ветхого моста,
В размытой вязну глине
И думаю,
Что неспроста
Гончар с гончарного поста
Не смог уйти доныне.

Август, восьмое

Елене Скульской

Вот и август. Лето на волоске,
Словно кто-то прочёл его скороговоркой.
Мёбиус водорослей на песке
Обсыхает восьмёркой.
В ней янтарный август – венец венцов
Со струйкой судьбы в перешейке,
Сообщенье сосудов детей и отцов,
Два кольца волшебных –
Символом бесконечности лежит на боку
И глядит, как плещется в его овалах
Круговорот веков, и набегу
Сносит идолы звёзд, от больших до малых,
Девочка, что вечно с богами на «ты».
Всё ей сходит – и гроза, и ветер,
И потоп, и пламя, и только льды
За секретной дверью, не оттают в лете.
Мимо слов – в тёмный сад, в долгий сон,
Двух колец повернув полукружья…
Это память бежит босиком
По калёным лужам.
На стеклянных ступенях два тряпочных башмачка
Обросли хрусталём мороза.
Под цыганской шалью луна взошла
И гадает в тупике вопроса:
Было ль? Не было? Лёд под ступнёй горит,
Но отец головой лишь качает –
                мол, всё это выдумки –
И взмывает в пространство,
И колец круглосуточный ритм
Заметает страницу, кружа в неисписанной дымке.

Океан

Марине Кудимовой

> *- ...лично я бы предпочла океан.*
> *(из больничной переписки)*

1.

Четырнадцать это двадцать два.
У океана мерцательная аритмия,
Ему вредны эмоции, а слова
Без них, что раковины пустые.
Может, скалою безмолвной стать,
Может, свернуться в створках моллюском
И сторожить океана кровать,
Слушать, как бродит в ней его музыка…
И перекатывается луна,
Цепенеют рыбы в её свете,
И, словно ангел из небесного сна,
Простыни волн поправляет ветер.

2.

> *Нет! Ведьма "расколдована" Россией.*
> *(из интервью к публикации поэмы «Арысь-поле»)*

Полночь. Прибой приглушен.
Чертят приливы граф.
Снится волнам суша,
Говор полей и трав.
Где-то звенит кобылица
Гривою золотой.
Водорослей больница
Йод мешает с мечтой.

Доктор вдали воркует,
Пишет свои письмена.
Спи, всё расколдует,
Всё расколдует Она.

3.

Выгнулись волны травами,
Воды – что луг на ветру.
И в золотистой оправе мы
Смотрим восходов игру.
Восемь – от берега к берегу.
Стрелки – вперёд-назад.
Вызволишь снов энергию –
Переплывёшь циферблат.
Чаек кружит песнопение,
Жив океанский алтарь.
А в преломлениях времени
Движется Пахарь-Рыбарь.

***

Белле Ахмадулиной

Мне сказали, что Садовник
Обошёл свои владенья
И пошёл по той дороге,
Что уводит в пред-рассвет.
Мне сказали, это было
Ровно в полночь, в воскресенье,
И об этом точно знает
Всякий сведущий сосед.

- А какое было небо? –
У соседа я спросила.

- Небо было, как на полночь, –
Отвечал, сердясь, сосед.
- Что он взял с собой в дорогу?
За плечами что-то было?

- Ничего... – Сосед подумал
И смутясь, добавил: - Свет.

Поняла, что в воскресенье
Разлилась луна по саду
И Садовника манила
Той, обратной, стороной.
Ждать его навряд ли надо –
Он пошёл искать рассаду
И раскланиваться станет
Только с ночью и луной.

Лунный путь, или Поэма о стихах

...рознь луне луна,
И вечность дважды не встречалась
с ней же.

<...>
Единственность, ты имени не просишь,
и только так тебя я назову.
Лишь множества – не различить без прозвищ.

Белла Ахмадулина, «Род занятий»

На острове...
Скорей – на островке,
Что в океане вечера заброшен
И сумерками густо запорошен,
Близ Овена,
Где луг невдалеке
Предусмотрительно никем не скошен, –
Там, начиная вечности отсчёт,
Выстраивает
Тверди и восход
Та...
Как назвать?
Она неблагосклонна
Ко всем названьям, знаю точно я.
И тщетно вопрошать у небосклона
Как называть её
И те края.
Пусть будет так:
Единственность – пенаты,
А Овен – друг.
Вот все координаты.

По ним найти её немудрено.
Открыто настежь, в ночь моё окно,
И тридцать лун
Безумно и крылато
Небесное вихрят панно.

Ах, в путь – так в путь!
Не думать,
Не рядиться
С разбросанной судьбою
По сукну.
Гадальщице-наперстнице
Не снится,
Что со стола
Гадание смахну
И крикну:
- Ждёт, не видишь, колесница!
И укажу
На первую луну.

Она мне ухает: - Вернись, назад!
Расположенье звёзд
И наших карт,
Взгляни,
На редкость неблагоприятно!
Эй, образумься!

Будь же ты неладна!
Мне не сдержать
Моих коней азарт!

Отныне – мчусь.
Разорван бренный круг
Могущественно-карточного

Знанья.
Да здравствует
Бессмертный Овен-друг
И край
Без сотворенья и названья!

Я повторяю:
Рознь луне луна,
И вечность дважды
Не встречалась с ней же.
И новый лунный свет
Глаза мне режет,
И новые готовлю стремена.

Вперёд, вперёд!
Дойти до перевала!
О, сколько лун уже я поменяла...
И столько же сменить осталось мне.
И каждый путь –
Нелёгкий путь,
Сначала,
Который не дозволено вчерне
Промчать. Таков закон положен.
Суров закон. Как лунный путь суров.
И потому так жёстко непреложен,
Что чужд названий суетных
И слов.
Как хорошо
Названьями забыться,
И датами скрепляя письмена,
К луне воспетой
Дважды возвратиться!
Но повторяю –
Рознь луне луна.

Вперёд, вперёд!
Я – худший гость, Незваный.
Я – смерч,
Я – отрешенье,
Я – напасть.
И остров,
И хозяин безымянный
Пожнут
Во мне посеянную Страсть.

Вперёд, вперёд!
Мой Овен – Огнь вселенной.
Я небу предъявляю счёт недель,
За карточным столом
Тяжбою бренной
Откладывавших звёздный мой апрель.
Апрель – настал.
И пятое подходит,
И мне – родиться
Всем наперекор.
И пусть по книжке чёрной злобно водит
Блюститель слов – Единственности вор.
Мой путь начертан. Только не тобою.
И для тебя была б огромной честь
Сон чернокнижный
Называть судьбою
И буквами
Единственность прочесть.
Я не в твоей,
О, чернокнижник, власти.
Я – Овна дочь законная
И Страсти.
И та, что в этот миг
Не ждёт меня, –

ВСТРЕЧИ И ЛИЦА

Меня узнает
По кометной масти
И цвету глаз,
Которых цвет – огня.

Быстрей, быстрей!
Последняя луна,
Что медлишь ты,
Что провисаешь низко?
Предчувствую –
Мой остров близко, близко.
Испробуй же, толстуха, стремена!

– Ох, я устала.
Погоди, постой…
Настало время нам остепениться.
Как ты войдёшь
К той, безымянной,
Той,
Которая страстей бесплотных жрица?

– Как я войду?
Да я ворвусь огнём!

– Нет, не годится: Ты дала названье.
Подумай –
Мы с названьем
Не войдём.

– Как я войду… Войду…
Как на закланье.
Скажу:
«Вот тридцать первая луна.
Нет, новый месяц,

Острый нож садовый.
Возьми его,
И жертвенником –
Слово
Пусть будет мне
Навеки-времена».

Ещё скажу:
«Апрель меня сгубил.
Он дал мне смерть,
Когда давал рожденье.
К десятому уляжется мой пыл,
Но к пятому
Наступит воскрешенье.
И я готова с мужеством принять
Весь путь мой –
Лунный путь,
И эти пять –
Пять дней, пять ран...
На жертвенник для Овна
Готова я взойти
Беспрекословно».

Луна, луна! Хитрейшая из лун…
Свой монолог себе я дочитала.
Она меня
Давно уже домчала
И среди облачных
Размылась дюн.

Вот остров мой –
Предмет моих стремлений,
Моих мытарств,
Судьбы хитросплетений.

Вот – Овен,
Что в нескошенных лугах.
Обворожительным бессмертием лукав,
Меня манит он
К хижине заветной.
За ним, за ним
Дорогою кометной!
Меня приводит
К хижине пустой
И удаляется.
Кричу: – Постой!
Ах, Овен, стой!
Твоя хозяйка где же?
Сверкнул руном:
– Моя хозяйка где?
Да вечность дважды
Не встречалась с ней же!
Всё так, всё так!
Идём к своей черте
Маршрутом вековечным, безусловным,
И только путь к себе неповторим.
И не бывает встречи
Овна с Овном.
Рождённый звёздно
И без встречи зрим.

Лишь одержимый
Сможет так рискнуть
И мчаться,
Обгоняя вихри, смерчи,
И получить в подарок Лунный путь
Взамен
Невероятной встречи.

Опыт странствий

ОПЫТ СТРАНСТВИЙ

* * *

После злой исторической мерзлоты,
Возвращусь ненадолго в свои края.
«Ты изменилась», – не скажешь ты.
«Это опыт странствий», – не отвечу я.
Вместо почты дым повезут поезда.
В этой топке всё – от людей до вестей.
На погонах обугленная звезда
Хоть не ярче светит, но, увы, ясней.
Неподвижен космос скованных рук.
Там от них намело ледяной сугроб.
Погаси эту печь, политрук, политрук.
У меня от неё озноб, озноб.
Машинист бросает в огонь всё подряд,
Ерунда. Только поезд бы шёл да шёл.
Так кончается родина, начинается ад.
Это спишь ты, проснись.
Хорошо, хорошо…

* * *

Ночные птицы, сумрачные птицы,
Знаменья убыли, бессрочности, ущерба.
Вы суеверий и предчувствий мышцы,
Что движут небом, воплощаясь в небо.
Ночные страхи, участи, желанья,
Цвет будущности, что с оттенком скорби
В часы, когда свободно подсознанье,
Разносится по руслу крови.
Из ночи в ночь – вот ваши перелёты.
Вам климат дня грозит исчезновеньем.
С собою, чтоб смягчить кочевья ноты,
Несёте родину под чёрным опереньем.

ОПЫТ СТРАНСТВИЙ

* * *

Страшно не то, что оставлен дом
И роздано прошлое неизвестно на чью потребу,
А то, что чувствую себя, как фантом,
Меж созвездий, расставленных по новому небу.
Каждый мой
Последующий шаг
Всё дальше уводит от привычного ориентира,
А инакомыслящий Зодиак
Переворачивает основы мира.
Закрываю глаза,
Возвращаю себе небосвод,
Где созвездия – как бесформенные скопления.
Ночью звёзды не складываются в аккорд,
Коль от каждой отлучают гения.
Итальянское небо,
В котором себя не найти,
Хоть возьми телескоп
И обследуй квадрат за квадратом.
Так умерший, проплавав ещё в бытии,
Не поняв, что к чему,
Не распавшись на клетку, на атом,
Наконец-то умрёт, потрясённый,
Возле белых зеркал,
Белых-белых, как шок отразившихся близких.
Так и я,
Задрав подбородок, чтоб исполнить вокал,
В этом зеркале жизни
Не вижу самой вокалистки.

* * *

Ночь в безмолвном предместье, как кома.
Чуть ворочает лес языком.
В мертвой части запавшего дома,
Будто это не я за окном.
Бродит в кране сознанье, решая
Бытия надоевший вопрос.
Три недели, как после лишая
У луны не осталось волос.
Кто-то хочет пробиться снаружи,
Из Вселенной – в утопленность клумб.
Но дома, точно старые ружья,
В звезды целятся дулами труб.
Кто стремился быть в роли посланца –
Покружил между звезд и – иссяк.
Никому в эту жизнь не пробраться
Ни по небу, ни мыслью, никак.

Вена

1.

Вена ещё далека.
Автобус подъехал к дому.
Каждому – два глотка
Воздуху или рому
Из опухолевых фраз,
Растущих в том, характерном
Направлении для метастаз.
Автобус заводится в нервном
Стремленье рвануть.
Сейчас!..

2.

Посредине чёрной ночи –
Руки поднятые ввысь.
Посредине чёрной ночи –
Кто прости́сь, а кто – молись.
Посредине чёрной ночи
То ли падал, то ли плыл
Дом опустошённый отчий
Сквозь ладоней млечный тыл.
Восклицанье «Вена! Вена!»
Заставало вновь врасплох
И, как скрытая каверна,
Прожигало каждый вдох.

3.

Автобус юлит над обрывом.
Дорога к границе – что к Господу на суд.
По таким неправдоподобным извивам
Лишь ангелы смерти преставленного несут
По его же замирающим мозговым извилинам.
Каждый чувствует себя распиленным
Или расколотым вследствие грандиозной аварии
На левое полушарие
И на правое полушарие.

ОПЫТ СТРАНСТВИЙ

В Венеции

Зимний воздух
Работы венецианских мастеров
Переливается в обрамлении кварталов.
Иллюзией двойственности миров
Наполнены кладези каналов –
Там колышется роскошь
Зацветших илом дворцов,
И плещущая о стены праматерь Хаоса
Сочленяет отражения и объекты,
Как сиамских близнецов,
Этажами нижнего яруса…

Гондола со статуэткой гондольера
Покачивается в лужице золота.
Детали собора, где для полноты интерьера
Не хватает только серпа и молота,
Веселятся и утверждают
Собственные каноны.
Спёртые кони и фиктивные колонны
Разрастаются на солнце,
Будто в них подмешали дрожжи.
Над этими водами
Носился Дух Божий!

Венеция,
Ты будешь сниться всегда
Той, что смотрелась в твои каналы
И печалилась, что не оставила ни следа,
И о будущем ничего не знала.
Снись ей,
Как страннику снится кров,
Чтобы не шёл в бездуховном унынье.

Снись,
Вместо вытатуированных снов
На мозга исколотой половине,
Когда имя, написанное по-латыни,
Отчуждается от его родослов...
И когда шлагбаум опускается
Под стать гильотине –
Снись!

ОПЫТ СТРАНСТВИЙ

В зимней Тарваянике

> *- Вы не знаете по-русски,*
> *Госпожа моя...*
> А. Блок

...Луну не вывести уже из пике.

...Сегодня, слава Богу, не мокнем.

Ночь говорит на непонятном языке
И сверкает луной, как моноклем.

Синьора ночь, bella notte!
Всё равно не достичь мастерства,
С которым сказано было
Изначальное Слово.

Осталось три недели до Рождества
Христова.

Где-то тучное небо,
И Медведица бродит впотьмах,
Подбивает бессонницы лапой под млечное брюхо.
Я б сама забралась
Под гигантский сиреневый пах –
Пусть чудит завируха.

...Звёзды сыпятся, сыпятся,
Стартуя с той стороны,
Где имён их не знают
И, как павших, исчисляют по сотням.

А сегодня случился инсульт
У одной половины луны,

Пробежавшейся
По астрологическим подворотням.

Оторвём от луны
Половину больной головы.
Так. Прекрасно.
Не нужно излишней нагрузки.

…Будет дождь.
Ничего не бывает другого, увы,
В Тарваянике зимней,
В которой не знают по-русски.

ОПЫТ СТРАНСТВИЙ

* * *

Мне снится возвращение домой:
Потемки, перепутанные вещи,
И по музею паутин и трещин
Разгуливает лунный свет хромой.
Я – в комнате. Я вновь ее жилец,
Безвременно и заживо уснувший.
И образов отравленные пунши -
Как множество сатурновых колец,
Которые вот-вот его задушат.
Предметы детства смотрят из чернот
Немого фильма, чей отснятый ролик
Открыл мне новый дубль и эпизод,
Как будто прошлое сменило облик.
Какие разветвления судеб
Я отыщу в раскопках прежних комнат?
Чей одинокий медленный ущерб
Всплывет как ностальгирующий опыт?
Куда вернусь? В какое из пространств,
Из жизней, не случившихся, но бывших?
Кто в том окне плутал, где свет погас?
Кто ночью дождь выстукивал на крышах?
И снова тени памятных страниц
На многомирье расщепляют время,
И нелинейный странник – мысль-Улисс –
Судьбы-мигрантки множит направленья.

Дача

На лестничной клетке
Стонала собака
С облезлыми серыми крыльями.
Она походила, порой, на летучую мышь,
Когда в густоте
По углам накопившихся сумерек
Шуршала нелепыми крыльями,
Должно быть, во сне.

Из дверей доносилось:
– Гоните дурную собаку!
Сломайте уродливой суке
Поганый хребет!..

Кричали и стыли,
Когда стон раздавался в ответ
И кружил до безумия
По пятиэтажному мраку.

Выйду, поглажу её.
Видно, озябла
Или ударилась сослепу,
Пытаясь расправить крыло.
Вечно скитается,
Тело усохло, одрябло.
Как же, бедняга, тебя сюда занесло?

В ответ застонала.
Мне зашипели из скважин:
– Палку с гвоздями возьми –
И – конец, и – конец!..

ОПЫТ СТРАНСТВИЙ

От бесчисленных
Дермантином обитых дверей –
Стук сердец,
Стук сердец
Ожиданием страстным обезображен.

Мы выходим из дома.
В лунных пятнах асфальт.
Угольки насекомых
В тёмных трещинах спят.
Море дышит у склона,
И колышет во сне
Рыб старинных иконы
И луну на весле.

Мне жаль, что в этом городе забытом,
Живёт мой друг, живёт мой верный друг,
Что звёзды обостряют в нём недуг
Падений методичным ритмом.
Мне жаль, что у него в окне цветы,
А за окном сухих деревьев ступор,
И что на полках книжные мечты
Дарят ему освобожденье скупо.
Он знает всё про ночь и про уход
И полюбил крылатую собаку,
Но верен он магическому знаку,
И путь его – до городских ворот.

…Вот и дача – заброшенный всеми пустырь.
Развалившийся домик:
Стена и ступеньки под небом.
Присядь на ступеньки,
Расправь свои крылья, дружок!
Здесь можно повыть, постонать –

Нет ни скважин замочных,
Ни вросших в потёмки углов.

Вот моя родина –
Бесконечная пустошь.
В одиночестве здесь я рождаюсь.
Мне поют колыбельную призраки прошлых веков.
Здесь взрослею, и дочерью блудною каюсь,
И не слышу уже на запястьях
Привычного звона оков.
Здесь друзья мои – все, о которых мечтала.
От единого с ними согреюсь огня,
Узнаю, что так же они обретали начало,
Уходя в свою родину по угольям закатного дня.

В окне у меня бумажная чёрная бабочка
Ниткою к занавеси притянута туго.
Мне её принесла незнакомая парочка.
Сказали – от друга.
Я спросила, не велел ли чего передать на словах.
В ответ – головой покачали
И напомнили вдруг о цветах,
О давней печали.
Я не вспомню, о чём печаль та была.
Помню цветы, его у стола,
Росчерк света в чернилах,
Стопку книг, ночником рассеченную мглу,
Портрет, повешенный справа в углу.
Только главного вспомнить не в силах.

...Истукан города
Высится вдалеке.
По ночам там вспыхивают
Костры с жертвенниками

ОПЫТ СТРАНСТВИЙ

Для живых слов, ещё говорящих слов,
От которых достанутся всем осколки…

Город ворочается,
Не спит.
Скоро полнолуние.
Опять оживут
Змеи сада,
Выползут наружу,
И хромое дерево начнёт стучать
В свою колотушку,
Звать на помощь,
Забьётся бумажная бабочка в окне.

Только бы не вернуться,
Только бы не вернуться!
Заткнуть уши,
Привязать себя к мачте,
И пусть бунтует чёрное море
С сиренами памяти за кормой…

…У ног застонала собака,
Запричитала по тёмной изогнутой лестнице.
Плач в гудках паровозных
Разносился на тысячи миль.
– Хочешь хиреть в отсыревших углах,
Слыть зловещей предвестницей?

Поползла, загребая холодную пыль.

Город навстречу раскинул капканы улиц.
Что тебя тянет в этот лестничный,
                      злобой звенящий пролёт?

Неужели ты хочешь,
                чтоб и впрямь туда мы вернулись?
Вспомни, вспомни свободный полёт!

Не слышит.
Слепо доверившись ветру.
На брюхе волочится, оставляя нелепый свой след.
Каждому пройденному метру
Радостным стоном давая невозвращенья обет.

…Отворяю незапертую дверь.
Ветер защёлкивает
Снятый с предохранителя замок.
В прихожей
Тогда и теперь
Дремлют, свернувшись в клубок.

Смотрю на обломанный грифель карандаша,
Прикоснувшегося к бумажным чертогам,
И слушаю, как моя душа
Кружит и стонет во тьме за порогом.

Город спит.
Я ему не сказала: «прощай!»
И приветствовать тоже не стану.
Ничего мне, душа, не вещай –
Завтра снова в сумерки кану.
Для спящих время здесь обращается в миг.
Только друг мой стареет.
Он меня не утешит, но сердце согреет
Его одинокий ночник.

Свеча

Памяти зверски убитых 2 мая в Одессе

1.

Это здание свечки-огарка,
Это пепла густого набат,
И подруга моя санитарка,
И домашний её медсанбат.
Лик впечатан в пол размозжённый,
В крест окна и в железобетон.
Это город мой обожженный,
Где на всех не хватило бинтов.
Будет страшно, замедленно сниться
Крик в церковные купола,
Но надежды нет дозвониться –
Отказали колокола.
То молчанье мрачней утраты.
Не звонили они по ком,
Знает двор, безымянные парты
И всё небо над вечным огнём…

2.

Город спит под конвоем снов.
Город видит туннели дул.
Город гонят вдоль мостовой,
Чтобы он никуда не свернул,
Чтоб он двигался в массе тел
К точке ада, адом ведом,
Был насаженным на вер-тел,

СВЕЧА

В чреве мёртвой кипел живьём,
Слушал плоти сжигаемый зов,
Ликованья победной орды,
И не вышел уже из снов –
Из последней своей беды.
А меня там давно уже нет.
И в окошке моём луна.
И в будильнике ждёт рассвет.
А во сне у меня – война.

3.

Чёрное море
Чёрное небо
Шепчут молитвы
Священник и ребе
Держит мужчина
В разбитом окне
Связку тюльпанов
(Дочке? Жене?)
Чёрное море
Чёрное небо
Чёрная лестница
Чёрного склепа
Блик на стене
Проступил и остыл
Пусто гестапо
Пепел и пыль

Чёрное море
Чёрное небо
Город-маяк
Капитана тебе бы

4.

…животом запрокинувшись к Господу,
упираясь ногами в пол,
она, выгнулась на столе,
ощущая биенье в утробе,
пока горлом шёл из неё вопль,
где душа отрывалась от плоти, а во гробе
её шевелилось замурованное дитя.
И подумалось ей из предсмертного забытья,
что, наверное, снятся ему кошмары,
что страдает на этом кресте ни за что,
и молила Господа, чтобы Тот снизошёл,
и сочилась вода из плохо отжатой швабры.
Кто-то снизу не выдержал:
- Да кончай же её скорей!
Горечь уксуса с желчью.
Подумала: «как же теперь?
пять комнат остались неубранными…
пять комнат неубраны на этаже».
Кто-то тронул дитя копьём, и в душе
Отозвалось эхом:
- Уже.

5.

Одесса в цвету. Развороченных улиц безлюдье.
На булыжниках солнечных зайчиков чехарда.
Пароходов тоскливое перегудье
Провожает время, отчалившее навсегда.
На скамейках воркуют на идише старые голуби.
По витрине извилистой трещиной Лета стекла.

И клюют воробьи
с поминальной нептичьей скорбью
Второмайскую чёрствую булочку
в блёстках стекла.

6. Минотавр

В этом здании
мраком завис угар,
и вповалку лежит
млад и стар,
а над ними – выхлопы
победных литавр.
В этом здании живёт минотавр.

Ты туда не ходи
ни за что, никогда,
даже если приснится
гнилая вода,
и потянутся руки,
и станут просить –
не ходи, не смотри,
отвернись и проснись.

Помолись
за обласканный свой аватар,
Напиши –
это сон про военный кошмар,
И вдыхай в пепелище курящийся лавр.

И полюбит тебя минотавр.

7. Молитва

Упокой, Господи, души убиенных,
Пусть не плачут, не стонут, не бросаются в окна,
Образумь их, введи им покой в вены,
Чтобы в них текло Твоё небо токмо.
Упокой их, Господи, вразуми их души,
Объясни, что всё это теперь уже в прошлом,
Ничего не вернёшь и что так лучше,
И что нужно жить, кто ещё не отжил,
Что придут, замажут, заклеят, зачистят.
Никаких следов. Будет милый скверик.
И пойдёт всё по-прежнему. Как тогда. Почти что.
Убеди их там, Господи, если кто не верит.
И пусть в полночь они не стучатся в совесть,
Не выводят свои имена на стенах
Ни огнём, ни кровью, ни крестом, ни прописью.
Упокой же, Господи, души убиенных!

8. Заклятье

Их жгли, а они превращались в море,
Катились по городу огненным штормом,
Оставляя на каждом камне историю,
Чтоб она пришла в обугленно-чёрном
На порог их дома, на край их парты,
На страницу учебника, где не всё замяли,
С дымящимся лацканом для награды,
На котором плавятся ордена и медали,
И чтоб каждый, кто был в тот час там с факелом
В руках ли, в сердце, кто держал на прицеле
Агонию тел, что ад выталкивал
В амбразуру окна, - чтоб под ним горели

СВЕЧА

Волны Чёрного моря, чтоб не смел он
В них погружаться, а его дети и внуки,
Войдя в те воды, становились пеплом
По щиколотки, по пояс, по плечи, по руки.
И пусть это будет мерилом истины,
И пусть не будет ясней аллегории,
Чтобы, отхлынув туда, где немыслимое,
Всегда возвращалось к Городу море.

9. Памятник

Лица тех, что ветра не остудят,
Лишь Ему опознать удалось.
Обелиском свеча там будет,
А по ней – оползающий воск.
А под нею – полутелами
Возвышаться будет амвон.
А над нею – крылатое пламя.
А поодаль – реквием волн.
И придёт к ней каждый, кто помнит,
И к подножью её приползут
Те, на ком клеймом преисподней
Несмываемой крови мазут.
И когда на ожогах террора
Пепел слёз взойдёт в тишине,
С мостовых, как шаги Командора,
Донесутся шаги Ришелье.
Он сойдёт с постамента, увитый
Тогой ран и побед, чтобы в срок
Неизвестному Одесситу
С головы возложить венок.
Будет пламень над городом виться,
Как биенье живое. И в нём

Распознают черты и лица,
Что пытались стереть огнём.
И посланьем будет к потомкам
В небесах золотая волна,
И зажжёт её новый Потёмкин,
И на тех – самовластья – обломках
Впишет Город жертв имена.

Вместо послесловия к «Свече»

После того, как на ФБ появилось четвёртое стихотворение цикла («Животом запрокинувшись к Господу…»), вокруг него разгорелся спор по поводу подлинности образа убиенной и правомерности «использовать в искусстве такую мифологию» («*Женщина, по мнению экспертов, немолодая и вовсе не беременная, просто задохнулась от угарного дыма. Наверное, в судорогах. Вера, не стоит создавать мифологию в таких серьезных делах*», - написала организатор этой дискуссии). На это откликнулся Анатолий Добрович. Привожу полностью его письмо, поскольку оно наиболее точно отражает мою позицию не только по отношению к этой конкретной трагедии, но и к любому подобному акту расправы над людьми.

Светлана, для меня несомненно, что это сильные стихи. Со своеобычной поэтикой. С новизной образа Богородицы. Вы ведь поняли, что Уборщица – это убитая Богоматерь, дитя которой погибло, не успев родиться? А ведь КТО должен был (мог бы) родиться! Так убийство Уборщицы поднимается до общечеловеческого символа – и становится воплем, воем к небесам. А теперь спросим себя: что нам за дело, доказывается ли документально, что убитая в Одессе уборщица действительно была беременной, или же это лишь видимость, связанная с особенностью фотосъемки? Но как было «на самом деле» – проблема репортера, а не поэта. Образ может отталкиваться и от факта, и от фальсификации факта, но образ – он сам по себе, и поэту «божиться, что не соврал» ни перед кем (кроме Судьи Небесного) не пристало.

Вы ставите вопрос, «правомерно ли использовать в искусстве такую мифологию». Какую мифологию? Не понимаю вопроса. А что, убийства в одесском Доме профсоюзов – это «мифология»? Постановочные фотокадры, что ли? О мифологии стоит говорить разве что применительно к информационной войне вокруг событий. Согласно совсем уж оголтелым представителям про-киевской пропаганды, антимайдановцы Одессы сами себя сожгли в Доме профсоюзов, а пытавшихся вырваться добивали палками… ну, российские диверсанты-провокаторы, дабы перекинуть потом вину на Правый сектор. Не знаю, как Вы, Светлана, а я этот миф воспринял бы со смехом – если бы не было так жутко. Про-российские пропагандистские мифы для меня столь же «убедительны».

Но, опять-таки, при чем тут поэт? Вера Зубарева написала бы эти стихи и в том случае, если бы Уборщица была про-майдановкой, а убили ее – анти-майдановцы. В этом ли суть? Мне неизвестно, каковы политические воззрения автора стихотворения, но обратите внимание: она их держит при себе, «ни на кого не работает» и работать вряд ли станет. Она оплакивает очередное крушение милосердия в нашем мире. Так что снимайте вопрос, Светлана. Ваш – А.

www.ingramcontent.com/pod-product-compliance
Lightning Source LLC
Chambersburg PA
CBHW071456040426
42444CB00008B/1362